国际商务谈判中的跨文化比较研究

房 娟 ◎ 著

中国书籍出版社
China Book Press

图书在版编目（CIP）数据

国际商务谈判中的跨文化比较研究 / 房娟著 . -- 北京：中国书籍出版社，2023.11

ISBN 978-7-5068-9669-6

Ⅰ.①国… Ⅱ.①房… Ⅲ.①国际商务—商务谈判—研究②比较文化—研究—中国、西方国家 Ⅳ.① F740.41 ② G04

中国国家版本馆 CIP 数据核字 (2023) 第 229107 号

国际商务谈判中的跨文化比较研究

房　娟　著

图书策划	成晓春
责任编辑	李　新
封面设计	博健文化
责任印制	孙马飞　马　芝
出版发行	中国书籍出版社
地　　址	北京市丰台区三路居路 97 号（邮编：100073）
电　　话	(010) 52257143（总编室）　(010) 52257140（发行部）
电子邮箱	eo@chinabp.com.cn
经　　销	全国新华书店
印　　刷	天津和萱印刷有限公司
开　　本	710 毫米 × 1000 毫米　1/16
字　　数	200 千字
印　　张	11.75
版　　次	2024 年 1 月第 1 版
印　　次	2024 年 1 月第 1 次印刷
书　　号	ISBN 978-7-5068-9669-6
定　　价	72.00 元

版权所有　翻印必究

前　言

伴随全球经济一体化持续地向纵深发展和世界经济的飞速发展，当代企业的国际交易活动变得越来越复杂化，越来越多的事务需要谈判和协商才能解决。随着全球化战略的不断推进，跨国企业在海外招聘的员工所占比例逐渐攀升。伴随着中国经济的蒸蒸日上，不断有跨国企业涌入中国市场，越来越多的中国企业和外资企业建立了合作关系，越来越多的中国企业在海外兼并、收购或者建立企业，中国跨国公司的海外员工数量不断增加。全球范围内，不同文化背景的商务人员之间的合作和交流日益增多。

国际商务谈判和国际贸易之间存在着内在的、本质的联系，这种联系可以从历史发展规律的角度得到印证。随着全球贸易的蓬勃发展，国际商务谈判应运而生，并在此背景下不断演进。国际商务谈判的规模、范围和深度等状况，受到国际贸易规模、范围和深度等特征的限制，同时通过协调国际贸易各方关系，提高国际商务谈判的科学性程度，从而推动国际贸易的发展。所以从一定意义上讲，国际商务谈判的成败也直接影响到一国或某一区域对外贸易的水平。国际商务谈判是解决不同国家和地区政府及商业机构之间不可避免的经济利益冲突的必要手段之一。

本书内容共分为五章，详细进行了国际商务谈判的跨文化比较研究。第一章为绪论，介绍了国际商务谈判概况和国际商务谈判理论，站在跨文化视角探索文化差异；第二章为中西方文化比较研究，详细论述了跨文化比较研究的相关内容、中西方的传统文化差异以及中西文化基本精神之比较；第三章为谈判礼仪、谈判用语及谈判策略，对国际商务谈判礼仪、国际商务谈判语言与非语言沟通、国际商务谈判障碍及策略进行了较为详尽的介绍；第四章为跨文化的商务谈判风格，分别介绍了亚洲商人的谈判风格、欧美商人的谈判风格、非洲和大洋洲商人的谈判风格，以及应对各国商人不同谈判风格的策略；第五章为国际商务谈判中的跨文化差异及对策，重点介绍了跨文化差异的主要表现及产生的原因、跨文化差异对国际商务谈判的影响，以及国际商务谈判中应对跨文化差异的对策。

在撰写本书的过程中，作者得到了许多专家学者的帮助和指导，参考了大量的学术文献，在此表示真诚的感谢！本书写作力争内容系统全面，论述条理清晰、深入浅出，但由于作者水平有限，加之时间仓促，本书难免存在一些疏漏，在此恳请同行专家和读者朋友批评指正！

房娟

2023年5月

目 录

第一章 绪 论 ……………………………………………………………… 1
　第一节 国际商务谈判概况 ……………………………………………… 1
　第二节 国际商务谈判理论 ……………………………………………… 24
　第三节 从跨文化视角看文化差异 ……………………………………… 38

第二章 中西方文化比较研究 …………………………………………… 45
　第一节 跨文化比较研究 ………………………………………………… 45
　第二节 中西方的传统文化差异 ………………………………………… 59
　第三节 中西文化基本精神之比较 ……………………………………… 64

第三章 谈判礼仪、谈判用语及谈判策略 ……………………………… 84
　第一节 国际商务谈判礼仪 ……………………………………………… 84
　第二节 国际商务谈判语言与非语言沟通 ……………………………… 101
　第三节 国际商务谈判障碍及策略 ……………………………………… 136

第四章 跨文化的商务谈判风格 ………………………………………… 148
　第一节 亚洲商人的谈判风格与应对策略 ……………………………… 148
　第二节 欧美商人的谈判风格与应对策略 ……………………………… 156
　第三节 非洲和大洋洲商人的谈判风格与应对策略 …………………… 163

第五章　国际商务谈判中的跨文化差异及对策 ·········· 167
　　第一节　跨文化差异的主要表现及产生的原因 ·········· 167
　　第二节　跨文化差异对国际商务谈判的影响 ·········· 171
　　第三节　国际商务谈判中应对跨文化差异的对策 ·········· 173

参考文献 ·········· 180

第一章 绪 论

随着经济全球化以及文化多样化趋势的发展，各国间的经济贸易往来日益频繁，国与国之间的商务谈判也在不断增多。在各国发展本国经济并积极地与其他国家进行跨国经济合作、参与经济谈判的同时，隐藏在背后的文化差异也渐渐地凸显出来。文化差异从思想、行为、语言等多个方面影响着国际商务谈判的进程，成为谈判能否成功的重要条件。

第一节 国际商务谈判概况

第二次世界大战以后，国际形势发生了翻天覆地的变化，殖民主义体系逐渐土崩瓦解，大量亚非拉国家走上民族独立的道路，联合国的成立让国际谈判成为和平解决国际争端的重要手段。随着世界经济、政治格局的不断发展变化，国际谈判也在逐步发展完善，并渐渐深入经济、贸易、商务等领域，显示出无可取代的地位及重要作用。

一、国际商务谈判的产生

国际商务谈判最早是为了解决争议而产生的，是解决争议的有效手段之一。人类社会的发展与进步使战争被竞争所取代，对话取代对抗，交流、沟通与协商成为人类社会发展的必然趋势。关于谈判比较系统的研究，大部分开始于欧美国家，学者们一般认为，首部关于谈判的著作由卡里叶写于1714年，他从外交的角度论述了谈判活动。此后，谈判不但成为一个科学研究课题，还随着富有成效的辩论逐步被人们所熟识。

关于商务谈判的研究，西方国家起步较早，美国早在20世纪60年代初就成立了有关谈判的学会,各大公司相继建立了自己的谈判研究机构。相关资料表明,在发达国家中有 10% 的人每天直接或间接地从事着谈判工作。在英、美等国家,专职的商务谈判人员就占到全国人口的 5% 以上[①]。随着经济全球化的日益深入发展,我国参与世界经济活动的步伐不断加快,对国际商务谈判的认识及重视程度也在不断加深。

二、国际商务谈判的发展

当今世界国际商务谈判的共同主题是和平与发展,尤其在竞争日趋激烈的今天,国际往来更加强调合作,在竞争中求合作,在合作中促竞争,这为国际商务谈判活动提供了更为广阔的发展空间。国际商务谈判是经济交往中一个重要的组成部分,在很大程度上决定着企业的发展状态,也就是说,国际商务谈判已成为商务谈判中一个十分重要的"战略制高点",成为国际经济发展中不可或缺的重要组成部分。

伴随着商务谈判的不断发展,与谈判相关的理论、策略、程序等也在不断形成及完善,这为这门学科奠定了坚实的理论基础。世界经济交往中谈判的不断深入,使人们不断积累和总结谈判的实践经验,进而丰富了谈判理论,更进一步地推动了谈判这门学科的发展。如今,国际商务谈判已经成为理论与实践并重的学科,它将政策性、知识性、艺术性融于一体。从理论上看,其综合性很强,涉及经济、政治、文化、市场营销、管理学、会计学、心理学、语言等多方面知识,汇集运用了很多学科的基础知识及科研成果;从实践上看,它还是一门讲实用、重在解决实际问题的应用型学科。

三、国际商务谈判的定义

国际商务谈判指在不同国家及地区从事商务谈判的当事人,为了满足各自需求,通过信息交流及磋商争取达到意见一致的行为以及过程。国际商务谈判是对外贸易交往中极其重要的一环,因此,准确地认知国际商务谈判是十分重要的。对每个谈判者及谈判队伍而言,只有在准确全面地了解国际商务谈判概况及各项规则的基础上进行谈判,才能顺应时代的潮流,开创谈判的新局面。

---

① 王珊.商务活动组织与策划[M].北京:中央广播电视大学出版社,2013:15.

(一) 谈判

所谓谈判，是各方在特定需求下相互交流信息、协商协议，以达成或维护各自利益的一种行为过程。

谈判利益主体的一方，通常是外国政府、企业或公民，另一方则为其所属国家的政府、企业或公民。在对外经济贸易工作中，进行国际商务谈判是一项不可或缺的重要环节，其重要性不言而喻。谈判是一门艺术，在此过程中，甲乙双方就彼此所关注的议题进行协商，统筹各自的经济、政治等利益，以期达成妥协，从而营造出一种共赢的氛围。谈判的目标为"协调利害冲突，实现共同利益"。在当前的国际形势下，谈判已慢慢成为越来越多贸易活动必不可少的过程。从实际角度讲，谈判的成败在某种程度上决定了交易的成功或失败，而非大多数人在交易过程中坚信的商品质量优质与否、价格低廉与否和技术先进与否决定着谈判的成功或失败。在政治、经济、军事、外交等多个领域，谈判作为协调各方关系的重要手段得到了广泛的应用。

(二) 商务谈判

商务谈判是一种以经济领域为中心的行为过程，旨在谈判各方通过信息交流和协议磋商，协调经济关系，以实现贸易活动的需要，并达成交易目标。商务谈判是企业对外交往中的一项重要内容。该领域涵盖了商品交易、资本投资、技术贸易、经济合作以及劳务输出输入等多个方面。

(三) 国际商务谈判

所谓国际商务谈判，指的是不同国家或地区的谈判代表人各自通过信息沟通，协商交易各事项以实现某一合作的过程。国际商务谈判作为商务谈判的重要组成部分，不仅是国内商务谈判的延伸和扩展，更是国际商务理论的核心内容之一。在对外经济贸易活动中，国际商务谈判的目的在于寻求双方的合作与共赢，以达到促进本国或东道国国民经济发展的目标。

由于谈判双方的立场不同，所追求的目标也在不同程度上存在差异，因此，国际商务谈判过程中充满了复杂的利害冲突及矛盾。

四、国际商务谈判的特点及重要性

（一）与一般谈判之间的共性

1. 以经济利益为目的

类似于一般的谈判，国际商务谈判的目标在于追求经济效益。我们进行了多种形式的协商，旨在达成特定目标和利益。国际商务谈判具有鲜明的经济效益目标性，在谈判过程中，虽然各方都被政治、外交等外部因素制约，但是谈判各方所思考的仍是怎样在现有的政治、外交关系格局等限制因素下实现更多经济效益。

2. 以价格作为谈判的核心

虽然价格在商务谈判中并不具有绝对主导性，但价格确实是大多数商务谈判中的核心内容。价格的高低是谈判双方利益分配的最直接和最集中的体现，此外，在许多情况下，谈判各方可以将质量、数量、付款形式、付款时间等利益要素的得失折算成一定价格，并通过价格的波动或补偿来体现。

3. 注重合同条款的严密性及准确性

谈判各方达成共识后的协议或合同被视作商务谈判的结果，合同条款本质上代表了各方谈判者的权利和义务，因此，合同条款的严谨性和准确性是确保谈判者获得各种利益的基础。若在拟定合同条款时谈判者掉以轻心，不注重合同条款的完整性、严密性、合理性、合法性，就容易被谈判对手在条款措辞上略施小计而落入陷阱，从而把到手的利益丧失殆尽，严重者还要为此付出沉重的代价。因此我们在商务谈判中，不仅要重视口头上的承诺，更要重视条款的严密性及准确性。

（二）国际商务谈判的特殊性

1. 以国际商法为准则

由于国际商务谈判的成果可能导致资产的跨境转移，所以定会牵涉到国际贸易结算、保险、运输等一系列复杂的问题。因此，在进行国际商务谈判时，必须以国际商法为准绳，以国际惯例为前提，来确保谈判的合法性和规范性。此谈判过程就是谈判各方运用国际规则来进行经济活动和处理贸易关系的全过程，谈判人员必须对各种国际惯例进行深入了解，掌握包括对方所在国的法律条款、国际经济组织的各项规定以及国际法的相关知识。在国际商务谈判中，这一系列问题必须受到特别的关注，因为它们超出了一般国内商务谈判的范围。

2. 政治性强

国际商务谈判既是一项商业交易，又是一种国际往来活动，包含极强的政策导向性。谈判各方间的商务联系，作为双方国家或地区经济关系的重要组成部分，其涉及的政治和外交关系往往受到国家或地区政府的干涉。在国际商务谈判中，应严格遵循国家的方针和外交政策，同时关注其他国家的政策，严格遵守对外经济贸易中的一系列法律和规章制度，这与一般的谈判方式有所不同。

3. 坚持平等互利的原则

在进行国际商务谈判时，我们必须秉持平等互利的原则，既不强压于人，又不容忍任何不公平的谈判条件。作为社会主义国家之一，我国奉行以平等互利为原则的外交政策。平等互利指的是国家无论大小、无论贫富或强弱，在相互关系中均应遵从平等互惠的准则。从事贸易的过程中，应当以各方的需求和要求为基础，制订一套公正合理的价格体系，以实现互通有无、互惠互利的目标，从而推动双方经济的共同繁荣。在国际商务谈判中，我们必须以平等的态度对待每一位参与者，不论其身份地位、财富状况或客户需求，我们不能偏袒任何一方，也不能容忍任何无理要求。在面对那些利用垄断地位进行涨价和压价的外商时，我们必须保持谦逊和坚定的态度，并以合理的理由进行坚决的争取。在面对某些发展中国家或经济欠发达地区时，我们也不能采取压人的手段，而是应该秉持平等互利的原则。

4. 谈判的难度更大

在国际商务谈判过程中，作为各国家和地区利益代表人的谈判各方，受社会文化、经济环境、价值观、思维方式、行为方式、语言和风俗习惯差异的影响，使得谈判事项变得更繁杂，谈判难度也随之增加。在真正的谈判中，谈判对手的状况和风格也各有不同：有些人充满热情，有些人则沉默寡言；有些人果敢地做出决策，而有一些人则心存疑虑和担忧；有些人是以善意为基础的合作伙伴，而有一些人则是有意挑衅的人；有些人表现出谦虚谨慎的君子风范，而有一些人则展现出傲慢自大、盛气凌人、自视甚高的态度。所有这些表现都紧密关联于特定的社会文化、经济和政治背景。在谈判过程中，不同谈判者所展现出的不同态度和行为，反映了他们的价值观和思维方式的多样性。所以，作为一名优秀的谈判者，需要把博学的知识和超凡的谈判技巧巧妙融合，既应在谈判过程中根据不同的人具体问题具体分析，又应在谈判前精心收集资料和信息，以确保谈判依照预想的方案有序、顺利进行。

5. 谈判内容广泛复杂

受当前国际市场形势和竞争局势的影响，我们必须高度重视调查研究工作，以深入了解国外的经济和市场状况。

（三）国际商务谈判的重要性

在进行国际货物的买卖时，一定离不开国际商务谈判，同时这也是买卖合同签署所必不可少的关键步骤。国际商务谈判所牵涉的议题不仅限于商务和技术领域，还包括法律和政策方面的诸多问题。国际谈判是一种融合了政策制订、战略规划、技术创新和专业素养的全方位活动。合同条款的具体内容取决于国际商务谈判的结果，因此，买卖双方都高度重视确定合同当事人的权利和义务。在国际贸易中，谈判是一项异常烦琐的任务，其复杂程度远高于国内贸易中的谈判交易。由于交易双方所处的国家和地区不同，其社会制度、政治制度、法律体系、贸易习惯等方面也存在差异，因此不仅涉及不同的文化、价值观念、宗教信仰和民族习惯，同时也存在语言和文字交流方面的困难。

在进行谈判时，交易各方具有不同的立场和目标，所以通常会进入复杂的利益冲突与反复的讨价还价之中。为实现这一目标，商务谈判代表需要以购销意图的差异为基础，关注交易对手的实际情况，并运用多种有效的策略，正确处理和解决双方的矛盾和冲突，以达成一致的目标，并达成双方都能接受的公平合理协议。交易各方协议一旦达成，便会直接与各方当事人利益挂钩，而且具有法律约束力，因此不管协议是否达成，谈判各方必须保持谨慎的态度，不可轻易改变。若因疏忽大意而导致协商无果，将直接错失成交的良机。倘若因谈判代表贸然求成等原因，作出了不应有的让步，或接受了不合理的交易条件、不符合法律规定的条款等，导致在交易磋商过程中产生一些重大错误和隐患，将给各方带来经济上的损失，同时也会给履约增加很大困难，从而对谈判各方关系产生不同程度的政治影响。

综观全局，能够得出结论，国际商务谈判是一个至关重要的步骤，妥善处理其中出现的各种问题，并在平等互利的原则下达成公正合理、切实可行的协议，具有极其重要的意义。

五、国际商务谈判的分类

（一）按谈判的内容划分

1. 商品谈判

这是一种涉及现货和期货两种主要形式的交易谈判，旨在进行货物买卖的谈判。在商业谈判中，商品谈判是一种基本类型，其内容通常包括商品名称、数量、质量、日期、价格、责任和验收等方面的条款。

2. 投资谈判

资金的获取或借出是一种以资金为核心的谈判类型，其谈判内容围绕着资金展开，包含联合投资、联合开发、借贷款谈判、引进外资等内容。由于投资谈判的复杂性和广泛性，谈判人员必须精通相关法律法规，以确保谈判的合法性和公正性。

3. 技术谈判

在技术谈判中，涉及技术引进、技术咨询服务以及技术转让等多个方面的内容，这些方面共同构成了谈判的核心。在技术谈判中，需要就转让方式、价格条件、商业机密、支付方式以及使用期限等方面进行充分的协商。

4. 服务贸易谈判

在商务谈判中，服务贸易谈判是一种蓬勃发展的形式，它涵盖了运输、咨询、旅游和项目管理等多个领域。一般情况下，它所涉及的企业并非实体或货物，而是以提供特定领域的服务为主要特征。随着第三产业的蓬勃发展和国际交流的日益频繁，服务贸易呈现出越来越多元化的发展趋势，其在谈判中所占比重也不断攀升。

（二）按谈判人员数量划分

1. 一对一谈判

小项目的商务谈判常常是"一对一"式的。出席谈判的代表虽然只有一个人，但这并不意味着谈判者不需要做准备。"一对一"谈判是较难的一种谈判类型，双方谈判人员只能各自为战，基本上得不到助手的及时帮助。所以在安排参加此类谈判的人员时，首选有主见，决断力、判断力强，擅长单兵作战的人，那些性格脆弱、优柔寡断者是不易胜任的。面对谈判人员多且规模大的谈判，根据需要有时也可在首席代表之间安排"一对一"的谈判，磋商那些关键及微妙敏感问题。

2. 小组谈判

小组谈判是一种最常见的谈判类型。对于较大的谈判项目和情况比较复杂的项目，谈判各方通常多人同时参加谈判，谈判者之间存在分工和协作，他们取长补短、各尽所能，大幅缩短了谈判时间，提高了谈判效率。

3. 大型谈判

对于国家级、省（市）级或重大项目，必须采用大型谈判方式。由于关系重大，有的谈判结果会影响国家的国际声望，有的关系到国计民生，有的直接影响到地方甚至国家经济发展速度、外汇平衡等，因此在谈判全过程中都要求准备充分、计划周详，不允许存在任何破绽。为此，要为谈判班子准备阵容强大、拥有各种高级专家的顾问团、咨询团或者智囊团。此类型谈判程序严密，耗时较长，常常分成若干层次及阶段进行。

（三）按地域划分

1. 主座谈判（主场谈判）

主座所覆盖的区域包括其所居住的国家、城市或办公场所，以满足其居住和工作的需要。总的来说，主座谈判是一种商务谈判类型，其特点是在与自己熟悉的工作和生活环境以及自己作为主人的情况下进行组织。

主座谈判给主办方带来不少便利，谈判时间表、谈判资料准备及新问题的请示都比较方便，因此主座谈判者谈起来往往收放自如、底气十足。值得注意的是，作为东道主，主座谈判者必须懂得礼貌待客，其中包括邀请、迎送、接待、洽谈组织等方面。礼貌容易换来信赖，这是主座谈判者谈判中的一张王牌，它会促使谈判对手积极思考东道主谈判者的各种要求。

2. 客座谈判（客场谈判）

客座谈判是在谈判对手所在地组织的一种谈判。此类谈判对于客方来说需要克服不少困难。到客场谈判时必须注意以下几点。

（1）为了避免作出可能会对对方情感造成伤害的行为，我们需要深入了解各地的独特风俗、国情和政治情况，并采取适当的措施来预防这种情况的发生。

（2）审时度势、争取主动。在客场谈判中，处在他乡的谈判者会受到各种条件的限制，比如客居时间、上级授权的权限、信息沟通的困难等，面对对手可以施展的手段很有限，除了市场的竞争条件外，就是要让步或坚持到底。在面对这种情况时，客场谈判者应懂得根据时势，灵活应对，积极争取主动权，包括对市场趋势、主人地位以及他们的心理变化等方面进行分析。在谈判中，如果对方表现出了真诚的态度，我们应该考虑提供更多的优惠条件，而如果对方缺乏诚意，我们则不应轻易降低条件。

（3）在进行国际商务谈判时，谈判者所面临的首要挑战是如何应对语言方面的不同。为确保机密不被泄露，我们需要配备一支专业的翻译和代理人团队，不能轻易接受对方的推荐人员。

3. 主客座轮流谈判

主客座轮流谈判是在商业交易中，进行地点互换的协商。在谈判过程中，卖方作为起始地点，买方作为继续谈判的对象，而当谈判结束时，谈判地点选择在卖方和买方均可。若使用主客座轮流谈判，说明交易是不寻常的，它有可能是大宗商品买卖，同时也可能是成套项目买卖。这类复杂的谈判拖的时间比较长，谈判者应注意以下两个方面的问题。

（1）及时确定阶段利益目标，争取在不同阶段取得最佳谈判效益。使用主客场轮流谈判说明交易有一定的复杂性，每次更换谈判地必然有新的理由及目标。谈判人员在利用有利条件、寻找有利条件、创造有利条件时，要围绕阶段利益目标实现的可能性进行考虑。在让与争中，在成功与失败之中掌握分寸、时机。一个没有阶段利益目标的谈判者称不上优秀的谈判者。阶段利益目标的谈判意识，通常以"循序渐进，磋商解决"的方式为基础，以"把生意人的钱袋扎紧"为座右铭。

（2）坚持主谈判者的连贯性，做到"换座不换帅"。在谈判交易中易人特别是易主是非常不利于谈判的，但在实际运用中这种情况却经常发生。有可能是因为公司的调整、人员的变迁、时间安排等常见客观原因，也有可能是出于谈判策略的考虑，例如主谈人的上级认为他谈判结果不好或者是表现不够出色，因此为了下一阶段的利益目标考虑而易帅。但无论属于哪种情况，易帅都容易在主客轮流谈判中带来不利影响，会给对方带来损失及不快。更换新的主谈人也不可能完全达到既定目标，因为原有谈判已经展开，原基础条件已定，之前的许多言论已有记载。对方并不会因易帅而改变立场。易帅能否争取到比之前更好的结果，这也无法确定。有效避免主帅更迭的极佳方法，就是在主客场轮流谈判中备好主帅及副帅，有两个主谈人就可以应付各种可能出现的情况，确保谈判的连贯性。

（四）按谈判理论、评价标准划分

1. 让步型谈判

为了避免冲突，让步型谈判者愿意随时作出让步以达成协议，并期望通过谈判达成一个双方都感到满意的协议。那些采用此种谈判策略的人，通常不会将对手视为敌手，而是将其视为知己。他们的首要目标在于达成一项协议，而非单纯地追求胜利。因此，在进行让步型谈判时，谈判者通常会提出建议、作出让步、保持友好关系、建立信任，并在避免冲突的情况下向对方屈服。

如果在一次谈判中，双方都能以一种宽容和让步的态度进行谈判，那么协议的达成可能性、速度以及成本和效率都将得到显著提升，从而进一步稳固双方的关系。然而，在谈判中，由于利益的驱动、价值观的差异以及谈判者个性的多样性，并非所有人都倾向于采用这种谈判方式。在面对具有强硬立场的谈判者时，这种方法可能会面临失败的风险，因此并不一定是理智的选择。所以，在实际应用中，采用让步型谈判的人并不多见，仅限于双方合作关系十分友好、双方渴望建立长期业务往来关系的情形。

2. 立场型谈判

在立场型谈判者看来，任何情况都是一场由意志力驱动的竞争和博弈，他们坚信，在这种竞争中，立场越强硬，最终获得的收益也就越丰厚。在立场型谈判中，双方倾向于将主要精力集中于维护自身立场和否定对方立场上，而忽视谈判双方真正需要的是什么，以及寻找一种能够兼顾双方需求的解决方案的必要性。在谈判的初期，那些以立场为基础的谈判者往往会表现出一种极端倾向，并在此基础上坚定不移地坚持下去。只有在谈判陷入僵局、无法继续进行时，他们才会作出微不足道的让步。这种做法不仅使谈判无法顺利进行，而且会影响双方关系的正常发展。若双方在谈判中均持此种立场和策略，必将导致双方关系紧张，进而增加谈判时间和成本，同时降低谈判效率。尽管某一方可能会持续向对方低头并最终达成协议，但其内心的不满情绪也是显而易见的。在这次谈判中，对方所渴望的并未得到应有的满足，这一事实不容忽视，这也可能导致其在未来的协议履行过程中表现出消极的态度，甚至采取各种手段来破坏协议的执行。在立场型谈判中，并不存在真正的获胜者，这是一个普遍存在的现象。

总的来说，由于立场型谈判容易导致双方陷入立场性政治的泥沼中，难以自拔，同时还存在着不尊重对方需求和不积极寻求双方利益共同点等问题，因此达成协议的难度较大。

3. 原则型谈判

在进行原则型谈判时，谈判各方应该将对方视为自己的合作伙伴，而非敌对关系。在人际交往中，首要考虑的是与他人建立良好的互动关系。相对于立场型谈判而言，原则型谈判应更加注重协调双方的利益，而非简单地追求双方的立场平衡。通过这种方式，我们能够找到一种替代性的立场，既符合我们自身的利益，也符合对方的利益。在这种谈判方式下，双方必须以尊重对方的基本需求为前提，寻求双方在利益上的共同点，并构思出各种方案，以实现双方的互惠共赢。在出现双方利益冲突的情况下，我们应该坚守公正的准则来做出决策，而不是依赖于双方意志力的较量来决定胜负。

原则型谈判者主张，在各方对立立场后面一定存在着某种共同的利益和相互冲突的利益。我们往往因为对方和我方立场相冲突，而得出对方和我方整体利益之间存在冲突的结论。不过，实际上在大多数谈判中，深入探究各方敌对立场所隐藏和代表的利益后，不难发现，各方所追求的共同利益往往比冲突性利益更为重要。倘若各方能够意识到并且高度重视彼此间的共同性利益，那么解决冲突所带来的利益问题也将变得更加容易。原则性谈判注重的是在谈判中所获得的经济价值和人际关系价值等，它是一类具有激励性和颇具人情味的谈判，备受全球谈判研究工作者与实际谈判代表的推崇。

尽管上述三种谈判均属于较为理论化的谈判方式，但在实际操作中，它们往往呈现出与前述三种谈判不同的特点，而有些则是将三种谈判方式进行了综合。以下四个方面会对上述谈判的运用产生影响和限制。

（1）着眼于未来，我方将继续与对方保持紧密的商业合作关系，以确保业务发展能够持续下去。如果一方希望与另一方保持长期的业务关系，并且存在这种可能性，那么就不能采用立场型谈判法，而应该采用原则型谈判法和让步型谈判法，后者更加注重建立和维护双方的关系；如果双方所建立的业务联系是一次性的、偶发的，那么可以考虑采用基于现场的谈判方式。

（2）对比对方谈判者和己方谈判者的谈判能力，以评估双方在谈判中的表现。在双方实力相近的情况下，应采用基于原则的谈判方式；若我方在谈判中的实力远胜于对方，则可考虑运用立场型谈判策略，以获得更佳的谈判效果。

（3）交易的重要性不容忽视。若欲确保交易的重要性，不妨考虑运用基于原则的谈判方式，或以立场为基础的谈判方式。

（4）在进行谈判时，必须考虑到人力、物力、财力和时间等多方面的限制因素。若谈判所需的人力、物力、财力等方面的投入过多，或谈判时间过长，难以承担，此时应考虑采用让步型或原则型的谈判方式。

（五）从其他角度进行划分

商务谈判能够根据不同的角度划分为不同的种类，从内容透明度角度可划分成公开谈判和秘密谈判两类；从谈判桌形角度可划分成长桌谈判和圆桌谈判。双方参与的平等谈判被称作"长桌谈判"；多方参与的平等谈判被称作"圆桌谈判"。而从时间长短角度可划分为"马拉松"式谈判和"闪电"式谈判。

六、国际商务谈判的原则

（一）平等性原则

在国际商务谈判中，平等性原则的坚守是谈判能够顺利开展并获得良好效果的基础。所谓平等性原则指的是在商务谈判中，谈判各方实力均衡，能够在彼此关系中体现平等地位；在进行商务交换过程中，能够以商品的形式进行等价交换。通常在国际经济的交流活动中，各企业间的谈判磋商活动具有十分重要的意义，既体现了企业和企业间的联系，又反映了国家和国家间的联系，因此，需要各方以相互尊重彼此权利和国格为前提，公平地开展经济与贸易合作。在国际商务谈判中，平等性原则通常涵盖如下几个层面的内容。

1. 谈判各方的地位平等

在经济贸易谈判中，无论国家的规模和贫富、企业实力的强弱、个人的权势高低，所有人都享有同等的地位。不能以高高在上的姿态对待他人，把自己的看法与意志施加给他人。各谈判代表应以尊重彼此的主权与意愿为前提，以各自的需求和能力为基础进行谈判。在面对存在利益与意见不同的问题时，我们应以友好协商为基础，避免采取过于强硬的手段，从而恰当地解决问题。在进行交易时，切勿采用任何形式的威胁或欺骗，也不能容忍对方的强制意见和无理要求。若用强硬、胁迫的方式，只能造成谈判的失败，进而破坏双方的共识与合作。

2. 谈判各方权利和义务平等

在所有国家的商务来往谈判活动中，义务与权利应该被平等对待，不仅要享有平等的权利，更要平等肩负相应的义务。谈判代表的权利和义务体现在各方各自的交易条件上，包含各方贸易利益的价格、关税、方案、资料、保险和运输等方面。如在世界贸易组织中，两国之间的贸易和谈判必须遵循相关规则，以确保关税、特别限制或取消非关税壁垒的公平性和合理性。在谈判过程中，每一方都享有自身利益的占有权，他们有权在谈判中获得自己所需的资源，并有权要求达成公正的等价有偿、各有所得、互惠互利的交易协议。在商贸谈判中，价格是交易条件的主要体现，尽管在谈判中一定会出现讨价还价的现象，但要依照平等互惠的价格准则进行磋商，关于进出口商品的定价，要根据国际市场的价格标准进行合理协商，应以随行就市为原则，实现各方共赢。为解决在价格和其他交易条件中存在的不同意见，及谈判过程中存在的争论，就应根据平等的原则在不同的意见中进行判断，平等的准则是每个谈判方公认的标准。在谈判的信息材料层面，谈判代表人不但有获得切实材料的权利，而且有为对方提供切实材料的义务。判断方案和其他条件的出现，挑选和采纳，都需要满足权利与义务平等的原则。所以，谈判代表人若想获得更多权利，就必须肩负更多的义务，反之亦然。

3. 谈判各方签约和践约平等

商务谈判的目标是贸易、合作协议或合同的达成。为确保谈判中各方目标的实现以及各方利益的最大化，协议条款的拟订必须遵循公正合理的原则。一旦签订谈判合同，各方需要"言必信，行必果""重合同，守信用"，信守承诺，严格执行。在签署合同时，必须严格遵守不增加任何不合理条件的规定；同时，在合同执行时，也不能任意违反合同约定或单方面不遵守合同约定，不然将会对合同方的利益造成损害。

（二）互利性原则

在国际商务谈判中，平等和互利同等重要，平等是互利的基础，互利是平等的目标。所以平等和互利构成了一个有机的统一体系，成为紧密相连的两个方面。在国际商务谈判中，无论是进行战争、下棋还是赛球，都需要综合考虑各方的利益，而非单纯的胜负。因此，我们需要实现以下几个方面的目标。

1.投其所需

国际商务谈判过程，实际上是通过与对方进行协商，以获得对方的支持与协助，从而实现自身利益，也可以说是从对方那里获得所需的资源。

首先，我们需要以尊重对方的立场为前提，从对方的角度出发，以对方的利益为出发点，进行深入思考。以同等重要的态度看待他人的利益，理解和同情他们的需求、愿望和担忧，搭建情感认同的桥梁，从而在心理上让他们接受自己。不可否认，虽然谈判被称作理性之"战"，但在谈判桌上，人们往往会被"情"所左右，"情"先于"理"。

其次，我们应该深入掌握商务谈判中所追求的利益和诉求。在谈判过程中，立场通常是明确且具体的，但利益却常常隐含在立场的背后，因此，为保险起见，谈判各方不会轻易表露心声，即使表现出来，也会保持适度的谨慎。所以，若欲深入了解对方的需求，必须运用巧妙的隐秘技巧，巧妙地探询，敏锐地获取"弦外之音"，机智地体会"话中之话"。

最后，在充分了解对方的情况下，有针对性地满足其需求，以达到最佳效果。此为先前行为的终极目标，是至关重要的一个步骤。在商务谈判中，重视且顾及对方的利益，不仅能够激发对方的积极反应，还能够促成谈判双方相互促进、彼此欣赏的局势。通过主动采取利他的行为，我们能够唤起对方的关注与关怀，从而达到更好的效果。在谈判过程中，每一方都有各自致力于达成的利益目标，因此，为了满足对方的基本需求，必须以对方的利益目标为出发点。在应对目标要求不统一的情况时，我们应积极探索双方利益的交叉点，以便更好地满足彼此的需求。另外，关注对方非经济利益需要也同样重要，如自尊感、荣誉感、认同感、归属感、安全感等，如果可以满足这些需求，或许会带来意想不到的成果，从而轻松解决谈判中的本质性问题，使自身获益无穷。

2. 求同存异

谈判的目的是解决各方对彼此提出的条件、意见、利益等不统一的问题，倘若各方在这些方面没有分歧，就不需要进行谈判了。国际商务谈判的本质是各方通过磋商达成共识，以实现利益目标的一致性，且最终签订协议。倘若因双方不肯妥协、争执加深而造成不同观点进一步扩大，那么很可能会引发谈判的破裂。在谈判中，使得所有不同观点达成共识既是不可行的，也是不必要的。因此，在追求互惠的过程中，我们必须追求共同点，但也要注意细微之处的差异，以求达成共识。在谈判过程中，各方应当共同追求利益，妥善解决问题，并尽可能避免出现任何非实质性分歧。商务谈判的成功与否，在很大程度上取决于以下关键要素。

首先，把谋求共同利益放在第一位。国际商务谈判中，各方之"同"，是谈判顺利进行以及达到预期目的的基础，由分歧到分歧等于无效谈判。谈判中的分歧一般表现为利益上的分歧以及立场上的分歧。参与谈判的每一方都追求自身利益，但由于价格观念、所处地位及处理态度的不同，其对待利益的立场就不同。需要指出的是，谈判的各方从固有立场出发，是难以取得一致的，只有瞄准利益，才可能找到共同之处。而且，在国际商务谈判中的目的是求得各方利益之同，而并非立场之同。所以，要把谈判的重点以及求同的指向放在各方利益上，而不是对立立场上。以谋求共同的利益为目标，这是求大同，即求利益之同。

然而，求利益之同不容易求到完全相同，只要总体上以及原则上达到一致即可，这就是对求大同的进一步理解。求同是实现互利的重要内容，若谈判者只追求自己的利益，不考虑对方的利益，不注重双方共同利益，势必会扩大对立，进而中断谈判，导致各方都不会有所得。一个成功的商务谈判，不是使对方一败涂地，而是各方达成互利协议。如果谈判双方都能本着谋求共同利益的态度参与谈判，那么各方都可以不同程度地达到自己的目的。谈判的前提是"异"，但谈判的良好开端则是"同"，谈判的推动力以及谈判的归宿在于"同"。

其次，要努力发现各方之"同"。国际商务谈判的过程实际上是一种交换利益的过程，这种交换在谈判达成的协议中才能明确地表现出来。在谈判之初，各方利益要求还不明朗或者不甚明朗，精明的谈判者可以随着谈判逐步深入，从各种意见碰撞中积极地寻找到各自利益的相容点或者共同点，然后据此进一步地探求彼此基本的利益结合点。谈判各方的利益纵然有诸多相异之处，但总能找到某种相同或吻合之点，否则一开始就缺乏谈判的基础。为了引导对方表露其利益要求，应该在谈判中主动并有策略地说明己方利益，只要不表现出轻视或者无视对方利益的态度，就可以以坚定的态度陈述自己的利益。坚持互利的原则内在地包含了坚持自己的利益，只是要将这种自我的坚持奠定在对对方利益认可和容纳的基础之上。排斥、忽视对方的利益以及隐藏、削弱自身利益，都不利于寻求到相互之间的共同之处，从而妨碍谈判目标的正常实现。解释自己的利益时，力求具体化、情感化、生动化，以增强感染力，唤起对方的关注。在协调不同要求以及意见的过程中，应该以对方最小的损失来换取自己最大的收获，而不是相反。

最后，将分歧以及差异限定在合理范围内。求大同的同时意味着存小异，而存小异折射着谈判的各方互利性。绝对的无异不现实，而差异太大又难互利。对商务谈判而言，"小异"不仅是个数量概念，而且有重要的质的含义。其在质的要求上有两个方面，第一是谈判各方的非利益之异，第二是若存在利益上的差异则应该是非基本利益之异。这就是互利性要求的内在规定，是在谈判协议中保留分歧的原则界限。而谈判各方不同的利益需要，又可以分为相容性需要以及排斥性需要。若是属于排斥性需要，且不与上述原则的要求相悖，则允许存在谈判协议之中；若是相容性的，就可以各取所需，互相满足，互为补充。

3. 妥协让步

国际商务谈判中，互利既表现在"互取"上，又表现在"互让"上。互利完整的含义，应当包括促进谈判各方利益目标的实现，同时实现"有所为"和"有所不为"两个方面。不仅要坚持，维护己方利益，还要考虑满足对方利益，兼顾双方的利益，谋求共同利益，即"有所为"；对难以协调的非基本利益的分歧，面对不妥协和不利于达成谈判协议的局面，作出必要的让步，即"有所不为"。谈判中得利和让利是辩证统一的。妥协可避免冲突，让步可防止僵局，妥协让步的实质是以退为进，促使谈判顺利进行并达成协议。

（三）友好协商原则

国际商务谈判中，双方必然会就协议或合同条款发生这样或那样的争议，不管争议内容或分歧的程度如何，双方都应以友好协商的原则谋求解决。切忌使用欺骗、要挟或其他强硬手段。如果遇到几经协商仍无法获得一致意见的重大分歧，那么宁肯中止谈判、另选对象，也不可违反友好协商原则。做出中止谈判的决定要十分慎重，需要全面分析谈判对手的实际情况，看他是否缺乏诚意，或者是否确实不能够满足我方的最低要求，不得不放弃谈判。只要还有一线希望就应本着友好协商的精神，尽力达成协议。谈判虽不可轻易进行，但也切忌草率终止。

（四）时间性原则

时间价值体现在质和量两方面。所谓质，即要抓住时机，该出手的时候就出手；所谓量，则是指谈判中快者败，慢者胜。在谈判中切忌焦躁草率，要知道慢工出细活儿。在谈判时装聋作哑，最后让对方问我们"您觉得应该怎样办？"从而达到自己目的的例子有很多。同时也要注意时间的结构，但凡己方想要的，对方也可以给的，就先谈、多谈；但凡对方想要的，己方却不可放弃的，就后谈、少谈。会谈前要先摸清对方行程的时间安排，看似不经意间的安排是与会谈无关的内容，却往往在最后使对方不得不草草签订有利于己方的协定，在商务谈判中这样的例子数不胜数。

（五）信息原则

永远别嫌了解对手太多。了解对方越多，就越能抓住对方的弱点，进而可以进行有力的回击。

1. 搜集信息，正确反应

能获取信息的途径有很多，不管是公开的，还是隐秘的。不过事实证明，90%的信息能通过合法的渠道获得，另外10%的信息可通过对90%信息分析获得。这就是说，一个有很强观察力的人，就可以对公开信息进行分析，进而看到隐藏于事实中的内容，由此找到自己想要的答案。

2. 制造假信息，隐瞒信息

在懂得如何取得有用信息的同时，也要会制造"迷雾弹"，通过制造虚假信息迷惑对方，或是在有意无意间向对方传递一些使其恐慌的内容，让对方受到压力，进而更好地达到自己的目的。

3. 要注重无声的信息

无声的信息包括手、眼等肢体语言。通过这些无声的信息看到谈判对手的内心世界。

（六）依法办事原则

在对外谈判中最终签署的各法律文件都具有法律效力，因此，谈判当事人的发言，尤其是书面文字，必须符合法律的规定和要求。一切文字、语言都应具有双方一直承认的明确的合法内涵。在必要时应该对特定词语加以明确解释，写进协议文件，以免因为解释条款的分歧，而导致签约后在执行过程中发生争执。依照这一原则，主谈人重要的发言，尤其是协议文件，必须经过熟悉国际惯例、国际经济法以及涉外经济法规律师的细致审定。

（七）谈判心理活动原则

在谈判中需要具体问题具体分析，以满足对方最基本的心理需求，而且要善于利用时机来"乘人之危，落井下石"。要揣测对方到底持怎样的想法，具体表现在：慎用负面语言；使用语言要有引导性；能用反问的绝对不用陈述等方面，同时也要注意谈判中工作语言是否一致。

（八）谈判地位原则

所谓的谈判地位是指在谈判对手心目中的地位。在谈判中如果双方处于不平等的地位，那么谈判就无法进行。提高谈判地位，可通过制造竞争、暴露专业身份、坚持到底的耐心以及放松的心态来达到。

谈判不仅是一门很重要的学问，更是一门艺术。每一次的谈判既是一次新的挑战，也是一次新的机遇，唯有高度的智慧、高超的技巧及无数次实战的经验，才能化险为夷，创造双赢结果。商务谈判中，只有遵守了以上原则，才能更好地争取到合作机会，达成双方满意的目的。

七、国际商务谈判的程序

在长期国际商务谈判的基础上，谈判人员应根据历史经验加以不断实践，将谈判程序逐步确定下来，并且以此作为今后谈判工作的规范和要求。国际商务谈判的基本程序一般包括：谈判的准备阶段、谈判的开局阶段、谈判的实质阶段、谈判的结束阶段。在这四个阶段中掌握不同的谈判技巧，能在每个谈判的过程中进行有准备的、有针对性的谈判，做到心中有数，谈判有度。

（一）谈判准备阶段

简言之，商务谈判的准备工作就是能做到知己知彼，心中有数。一场谈判能否达到预期的目的，能否获得圆满的结果，不仅取决于谈判中的相关战术、策略及技巧的灵活运用，而且有赖于谈判前充分且细致的准备。后者是前者的基础，尤其是在缺乏谈判经验时，准备工作就显得更重要了。在与经验丰富的对手谈判的时候，应更加重视谈判前的准备工作，以细致、充分、周到的准备去弥补谈判经验和技巧上的不足。

谈判的准备工作主要包括下面五个部分：

1. 对谈判的环境因素分析

谈判往往涉及政治、经济、法律、社会文化等各个方面的因素，这些因素对于谈判的成功与否有着很大的影响，必须要对这些因素进行认真的分析，才能制订出相应的谈判计划。

2. 信息的收集

商务谈判中，谈判人员对于谈判信息的收集、分析以及利用的合理程度，对整个谈判活动都有极大的影响。处于谈判信息优势的那一方往往会把握谈判的主动权。因此，有丰富经验的谈判者都对各种谈判信息的运用极其重视，他们都具有敏锐洞察细微事物的观察力，并且十分注意捕捉对方的思想过程以及行为方式中的各种信息。

3. 目标和对象的选择

因为整个谈判活动都是和谈判对象围绕着谈判的主题以及目标去进行的，因此，任何谈判方案的制订都需要首先确定谈判的对象和目标，既要明确和谁谈判，也要明确通过这次谈判想要获得什么。

4. 确定谈判方案

当我们了解了谈判对手、谈判环境及自身的情况之后，在进行正式激烈的谈判交锋之前，我们还需要制订一个周全而且明确的谈判计划，制订一个谈判的具体方案。谈判方案是指在谈判开始之前对谈判目标、谈判策略、谈判议程预先要做的安排，是谈判人员行动的纲领，在整个谈判过程中都起着很重要作用。

5. 模拟谈判

模拟谈判是谈判人员根据实际经验所做的"彩排"，可随时修正谈判中可能出现的错误，提高谈判的可行性。

谈判前准备得是否充分，在很大程度上决定了商务谈判的成败得失。如果准备工作充分，谈判中就能处于主动地位，谈判就能顺利进行，效果也不错；否则，仓促地应战往往会使自己陷入被动的地位，难以得到好的谈判效果。俗话说，知己知彼方可百战百胜，进行国际商务谈判之时，应事前做好充分准备，通过各种渠道收集信息，掌握谈判对手的谈判风格和谈判经验及对方公司的发展情况和实力。

在商务谈判中，口才固然重要，但是最本质、最核心的还是对谈判信息的把握，而这种把握常常是建立在对谈判背景把握上的。平时注意对情报的收集及处理，在谈判中往往能够游刃有余，获得成功——在节约成本的同时购买到核心技术和设备。在我国的技术引进中，常常为了一些价值低廉的技术付出巨额的投资，在技术转让的谈判中往往不能单纯依靠据理力争，如果在谈判之前多掌握一些合理的情报，也许结果会完全不同。从某种意义上讲，谈判中的价格竞争也是情报竞争，把握对手的精确情报就可以在价格竞争中取胜。

（二）开局阶段

开局阶段，主要是指谈判双方见面以后，在进行具体交易内容的商谈之前，相互介绍、寒暄以及就谈判内容之外的话题进行交谈的那段时间以及过程。开局阶段占用的时间较短，谈论内容也与整个谈判主题关系不大或者根本无关，但是这个阶段却很重要，因为该阶段为整个谈判过程确定了基调。

谈判的形式、内容、地点不同，其谈判气氛也就各不相同。有些谈判的气氛十分热烈、积极友好，且双方都抱着互谅互让的态度来参加谈判，通过共同的努力去签订一个双方都能满意的协议，使双方的需要都可以得到满足；有的谈判气氛却很冷淡、紧张、对立，双方都抱着寸土不让、寸土必争的心态参加谈判，毫不相让，针锋相对，使谈判变成了没有硝烟的战场。有的谈判节奏紧凑、简洁明快、速战速决；而有的谈判慢条斯理、咬文嚼字、旷日持久。不过，更多谈判的气氛则介于上述两个极端之间：快中有慢，热中有冷，对立中存在友好，严肃中不无轻快。一般说来，通过谈判气氛，可以初步感受到对方谈判人员的谈判个性气质及对本次谈判的态度和准备采取的方针。

在开局阶段，究竟要营造何种谈判气氛，需根据准备采取的谈判方针和谈判策略来决定，也要以谈判对手是陌生新人还是熟识老友加以区分。就是说，谈判气氛的选择和营造应因人而异，应服务于谈判的方针、目标及策略。

国际贸易谈判中，开局的形式可以分为一致式开局、保留式开局、坦诚式开局、进攻式开局四种类型。下面分别针对各种类型列举出相关的谈判案例。

1. 一致式开局策略

一致式开局策略目的在于创造并取得谈判成功的条件。运用一致式开局策略的方式有很多，比如，在谈判开始时，以协商的口吻去征求谈判对手的意见，之后对其意见表示赞同和认可，并按其意见开展工作。运用这种方式应注意的是，用来征求对手意见的问题应是无关紧要的问题，对手在该问题的意见上不会影响到我方的利益。此外，在赞成对方的意见时，态度不应过于献媚，需要让对方感觉到自己是出于尊重，而不是奉承。一致式开局策略有另一种重要途径，是在谈判开始时用问询方式或补充方式诱使对手走进我方的既定安排，从而使双方达成一致以及共识。所谓问询式，是指将答案设计成问题去询问对方。

2. 保留式开局策略

保留式开局策略指谈判开始时，在谈判对手提出关键性问题上不做确切的、彻底的回答，而有所保留，从而使对手感觉到神秘感，来吸引对手步入谈判。

3. 坦诚式开局策略

坦诚式开局策略指以开诚布公的方式给谈判对手陈述己方观点和想法，从而让谈判打开局面。适合坦诚式开局策略的双方一般有长期的合作关系，以往合作双方都比较满意，双方对彼此比较了解，不用有太多的客套，减少了很多外交辞令，节省了时间，坦率直接地提出自己的要求、观点反而更可以让对方对己方产生信任感。采取这种策略时，要综合考虑多种因素，例如，自身的身份、与对方的关系、当时谈判的形势等。坦诚式开局策略有时候也可以用于谈判力弱的那一方。当己方的谈判力明显比不上对方，并且是双方所共知时，坦率表明己方的弱点，使对方加以考虑，更加表明己方在谈判上的真诚，同时也表明了对谈判的信心。

4. 进攻式开局策略

进攻式开局策略是指通过语言或行为表达己方强硬的姿态，从而获得对方必要的尊重，并且借以制造心理优势，让谈判顺利地进行下去。使用进攻式开局策略一定要谨慎，因为谈判开局阶段就设法显示自己实力，使谈判一开局就进入剑拔弩张的气氛中，对谈判进一步的发展极为不利。

进攻式开局策略一般只在下述情况下使用：观察到谈判对手刻意制造低调气氛，这气氛对己方的讨价还价极其不利，如果不把这气氛扭转过来，那将损害己方的切身利益。

（三）正式谈判阶段

正式谈判阶段，又称"实质性谈判阶段"，是指从开局阶段结束后至最终签订协议或到谈判失败为止，双方就交易的内容和条件进行谈判的时间和过程。

正式谈判阶段通常要历经询盘、发盘、还盘、接受这四个环节。从法律角度看，每一环节之间都有本质区别。询盘以及还盘不是必经的程序，买卖双方完全可以依据实际的情况，不经询盘而直接去发盘，或者不经还盘而直接接受，然而发盘和接受是谈判获得成功以及签订合同必要的两道程序。国际商务的谈判人员只有熟练地掌握每道程序的中心问题和重点问题，以及其相互衔接的关系，精通有关法律规定或者惯例，才可能在谈判时候发挥自如，运用得当，控制整个谈判过程，直至获得最后成功。

1. 询盘（inquiry）

询盘是指在外贸交易洽谈中，买卖双方中一方向另一方就某项商品的交易内容以及条件发出询问（通常多由买方向卖方发出询问），以便为下一步彼此之间进行详细而且周密的洽谈奠定好基础。询盘可以口头表示，也可以书面表示；可询问价格，也可询问其他一项或者几项交易条件。因为询盘纯属试探性接触，所以询盘的一方对可否达成协议不负任何责任，因此它既没有约束性，也没固定格式。

2. 发盘（offer）

继询盘之后，一般要由被询盘的乙方来发盘。发盘又称"发价"，是由交易一方向另一方用书面或口头形式提出交易的条件，并表示可以按照有关条件来进行磋商、达成协议、签订合同。多数情况下，发盘是卖方向买方发出的。有时候也可以由买方主动发出，这种由买方主动做出的发盘，国际上一般称之为"递盘"。

3. 还盘（counter offer）

还盘指收盘人不同意发盘条件而提出修改或增加条件的表示。

4. 接受（accept）

接受是指买方或者卖方无条件同意对方在发盘中提出的条件，并且愿意按这些条件和对方达成交易、订立合同的一种肯定的表示。乙方发盘经另一方接受，则交易达成，合同宣告成立，双方就应该分别履行其所要承担的合同义务。一般以"合同""接受"及"确认"等术语来表示接受。

讨价还价是销售谈判中一项重要的内容，一个优秀的销售谈判者不仅要掌握谈判的基本原则、方法，还要学会熟练地运用讨价还价的策略与技巧，这是谈判成功的保证。同时，讨价还价策略的成功运用，对于争取或维护己方的谈判利益具有根本性的作用。

在对方强烈要求降价，并且举出了其他厂家的价格来企图压迫己方降价时，己方应该对各厂商的报价进行研究，不要轻易降价，要考虑到自己本身的实力水平与服务水平，选择对自己合理的价格，据理力争，最终达成双方满意的结果。

（四）签约阶段

谈判双方经过多次反复的谈判，就合同各项重要的条款达成协议后，为了明确各方权利和义务，通常需要以文字形式来签订书面合同。书面合同是确定双方权利以及义务的重要一环，因此，合同内容必须与双方谈妥的事项以及要求完全一致，特别是交易条件要明确及肯定，拟订合同中所涉及的概念不应该有歧义，前后的叙述不能自相矛盾或者出现疏漏和差错。

国际贸易中，对销售合同书面形式没有特殊的限制，从事出口贸易的买卖双方可以采用正式的合同、协议书、确认书，也可以采用备忘录等形式。我国进出口业务中主要采用合同以及确认书这两种形式，在法律上具有同等的效力。

通过上述对国际商务谈判的定义、分类、特点等的介绍，我们可以看到，国际商务谈判是伴随着当今经济的发展而成长壮大起来的，国际商务谈判现在还处于不断发展的过程中。通过长期的实践与经验总结，我们可以很清楚地认识到国际商务谈判中的标准行为规范；通过学习，我们可以更好地掌握谈判技巧。

第二节　国际商务谈判理论

一、需求理论

（一）马斯洛的需求层次理论

马斯洛需求层次理论是人本主义科学的理论之一，由美国心理学家亚伯拉罕·马斯洛（Abraham Maslow）于1943年在《动机与人格》一书中提出。书中马斯洛将人类需求像阶梯一样从低到高按层次分为五种，分别是：生理需求（Physiological needs）、安全需求（Safety needs）、社交需求（Social needs）、尊重需求（Esteem needs）和自我实现需求（Self-actualization needs）（图1-2-1）。在自我实现需求之后，还有自我超越需求（Self-transcendence needs），但通常不作为马斯洛需求层次理论中必要的层次，研究者大多将自我超越需求合并至自我实现需求当中。

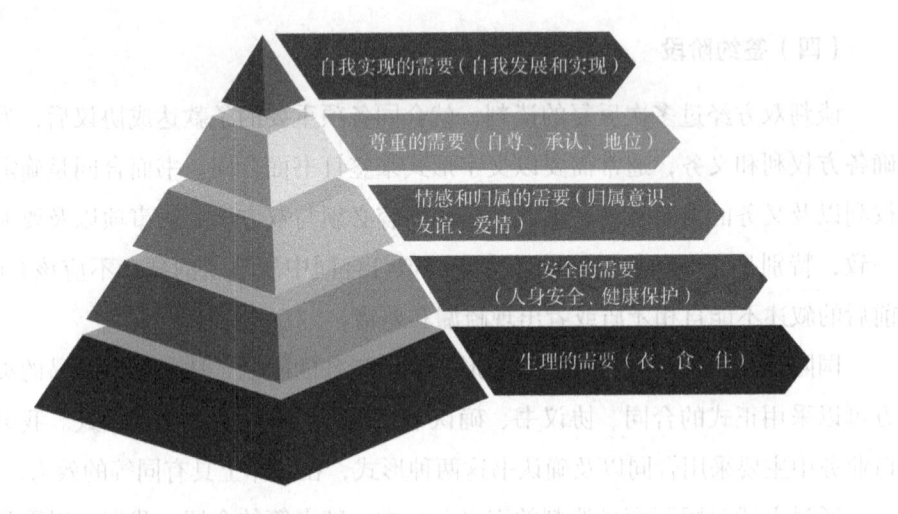

图1-2-1　马斯洛需求层次图

1. 生理需求

生理需求即满足个人生理正常运转的空气、水、食物、睡眠等，这些需求得不到满足，人类的生命就会因此受到威胁。从这个意义上说，生理需求是推动人们行动的最首要动力。马斯洛认为，只有这些最基本的需要满足达到维持生存所必需的程度后，其他需要才能成为新的激励因素，而到了此时，这些已相对满足的需要也就不再成为激励因素了。

2. 安全需求

马斯洛认为，当人类的生理需求得到基本满足，并逐步改善之后，就会想要获得人身安全、健康保障、资源所有性、财产所有性、道德保障、家庭安全等。人们需要通过努力达到生活与工作的舒适、稳定和安全。

3. 社交需求

马斯洛认为，当人的生理和安全需求获得相对的满足之后，就会产生一种社交需求，人人都希望得到相互的关心和照顾。社交需求属于较高层次的需求，如：对友谊、爱情和隶属关系的需求。感情上的需求比生理上的需求来得细致，它和一个人的生理特性、经历、教育和宗教信仰都有关系。

4. 尊重需求

马斯洛认为，人类一旦在生理、安全和社交需求方面都得到相对满足之后，就会非常注重自己的尊严了。人人都希望自己有稳定的社会地位，希望个人的能力和成就得到社会的承认，这就是尊重需求。尊重需求可分为内部尊重需求和外部尊重需求。内部尊重需求是指一个人希望在各种不同情境中有实力、能胜任、充满信心、能独立自主。总之，内部尊重需求就是人的自尊需求。外部尊重需求则是指一个人希望有地位、有威信，受到别人的尊重、信赖和高度评价。马斯洛认为，尊重需求得到满足，能使人对自己充满信心，对社会满腔热情，体验到自己活着的价值。

5. 自我实现需求

马斯洛认为，人类的生理、安全、社交、尊重需求得到满足之后，还会产生一种新的需求，即自我实现需求。自我实现需求是人类最高层次的需求，是指实现个人理想、抱负，最大限度地发挥个人的能力，达到自我实现境界的人，接受自己也接受他人，解决问题能力增强，自觉性提高，善于独立处事，要求不受打扰地独处，完成与自己能力相称的一切事情的需求。也就是说，人必须干称职的工作，这样才会使他们感到最大的快乐。马斯洛提出，为满足自我实现需求所采取的途径是因人而异的。自我实现的需求是在努力实现自己的潜力，使自己越来越成为自己所期望的角色。①

马斯洛需求层次理论中的五种需求呈阶梯状从低到高依次排列，一般来说，某一层次的需求得到相对满足后，就会向高一层次发展，追求更高一层次的需求就成为其行为的动力，相应地，获得基本满足的需求就不再是激励力量。但需求次序并不完全固定，可以变化，同一时期，一个人可能有几种需求，但每一时期总有一种需求占支配地位，对行为起决定作用。任何一种需求都不会因为更高层次需求的发展而消失。各层次的需求相互依赖和重叠，高层次的需求发展后，低层次的需求仍然存在，只是对行为影响的程度大大减小。

（二）尼尔伦伯格的谈判需求理论

商务谈判需求理论是目前最具代表性的三种谈判理论之一（另两种分别为比尔·斯科特的"谈判三方针"和哈佛大学的"原则谈判法"），是在20世纪70年代末，由美国谈判学会会长、著名律师杰勒德·尼尔伦伯格（Gerard Nierenberg）在他所著的《谈判的艺术》一书中提出的，这个理论可以用图形概括为126个方块策略。

尼尔伦伯格认为："需要和对需要的满足是一切谈判的共同基础和动力。要是不存在尚未满足的需要，人们就不会进行谈判。谈判进行的前提是，谈判双方都要求得到某些东西；否则，他们就会对另一方的要求充耳不闻，双方也就不会有什么讨价还价发生了。"②

谈判需求理论将谈判分为三个层次，即个人与个人之间的谈判、大的组织与大的组织之间的谈判、国家与国家之间的谈判。尼尔伦伯格认为，"需求理论"适用于所有层次的谈判，而且，在每一层次中采用的方法所针对的需求越具体，就越有可能取得成功。他将适合于不同需求的谈判方法分为六种类型。

---

① 〔美〕亚伯拉罕·马斯洛.动机与人格[M].许金生，译.北京：中国人民大学出版社，2007：78.
② 〔美〕杰勒德·尼尔伦伯格.谈判的艺术[M].陈琛，译.北京：新世界出版社，2012：24.

1. 谈判者服从对方的需要

作为一个谈判者，在谈判过程中站在对方的立场上，设身处地替对方着想，从而最终达成一致的协议。这种方法一般比较容易获得谈判的成功。

2. 谈判者使对方服从其需要

谈判者在谈判过程中通过种种启示，使对方最终明了其自身的特定需要而情愿达成谈判协议，其结局通常是双方都获得利益。

3. 谈判者同时服从对方和自己的需要

谈判双方从彼此的共同利益要求出发，为满足双方每一方面的共同需要进行谈判协商，进而采取符合双方共同愿望的谈判策略。谈判者在谈判中采用既符合自己的需要，又符合对方需要的方法是一种上策。

4. 谈判者违背自己的需要

谈判者为了争取长远利益需要，抛弃眼前某些无关紧要的利益与需要而采取的一种谈判策略。但是谈判者违背自己的需要去寻求理想谈判目标的本质就是妥协。

5. 谈判者损害对方的需要

这是一种强硬策略，即谈判者只顾自己的利益，完全忽视或不顾对方的需要而实施"鱼死网破"的手段。采用这种策略的一方往往依仗自身的强者地位，以强欺弱。这很容易导致谈判出现僵局或破裂，也违背了谈判双方对等与互惠互利的原则。历史上有许多不平等条约、协议的签订，都是一些强国在谈判中实施损害弱国利益的方法而形成的。

6. 谈判者同时损害对方和自己的需要

谈判者为了达到某种特定的预期目的，完全不顾双方的需要与利益，实施一种双方"自杀"型的谈判方法。例如在商品贸易洽谈中，谈判双方展开价格战，买卖双方都甘冒亏本甚至破产的风险，竞相压低价格以挤垮竞争对手。

尼尔伦伯格将马斯洛提出的七种需求，谈判的三个层次和六种不同的适用方法加以组合排列，就可以得到126种谈判策略（$7\times3\times6$），也就是126个方块，每个方块代表一种类型的谈判策略。并且，按每种策略的作用大小和控制的难易程度进行排列，在基本需要相同的情况下，数字编号越小的策略，对谈判取得成功的作用越大，也越容易控制（图1-2-2）。

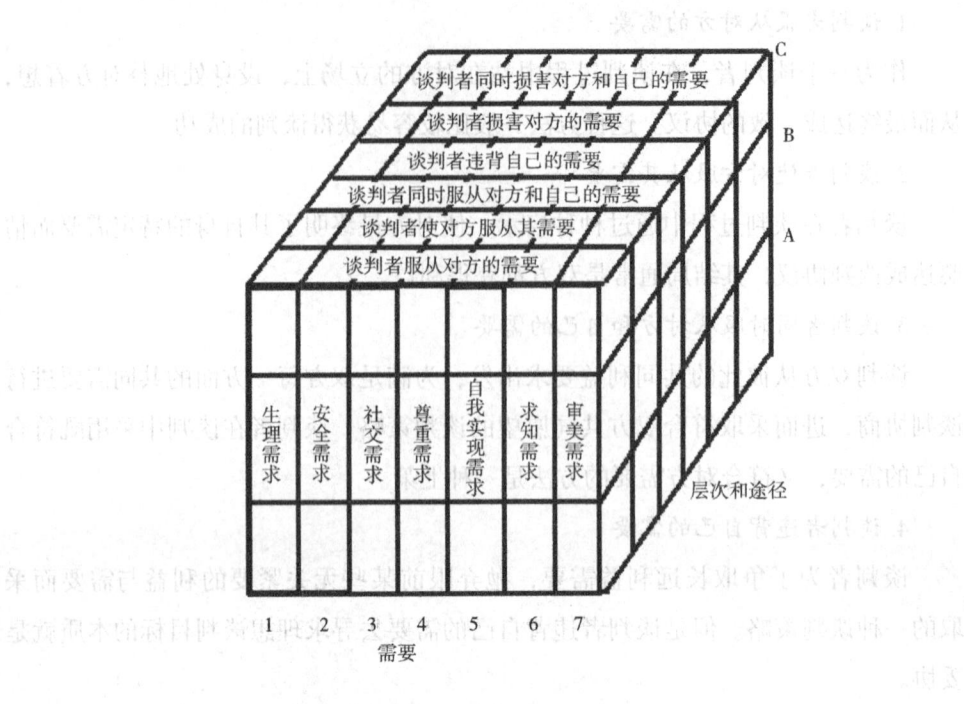

图 1-2-2　尼尔伦伯格的需求谈判策略图

英国谈判专家比尔·斯科特提出了"谈判三方针"。

（1）谋求一致的方针：谋求双方共同利益、创造最大可能的一致性，是使谈判形式、气氛尽量具有建设性的一种积极的谈判方针。

（2）皆大欢喜的方针：主要是以寻求谈判各方都能接受的、折中的谈判结果为目的的谈判方针。

（3）以战取胜的方针：主要是以战胜对方为最终目的的谈判方针。

比尔·斯科特认为，商务谈判是指存在利益双方差异和利益互补关系的商务谈判当事双方（或多方），为谋求各自目标的实现所进行的公平磋商。在其提出的三大谈判方针中，谋求一致和皆大欢喜的方针都属于平等互利方针的范畴，都是平等互利方针的具体体现；而以战取胜的方针则完全是与平等互利方针相反、相悖的一种方针。① 比尔·斯科特的"谈判三方针"作为谈判技巧理论，与中国儒家的"和为贵""中庸之道"等有异曲同工之妙，因而备受我国谈判理论界推崇。

---

① 〔英〕比尔·斯科特. 贸易洽谈技巧 [M]. 叶志杰，译. 北京：中国对外经济贸易出版社，1988：115.

二、原则式谈判理论

20世纪70年代末,哈佛谈判研究中心的罗杰·费希尔(Roger Fisher)所著的《谈判力》一书中,在总结了各种谈判理论的基础上,提出了原则式谈判理论,后人将其称为"哈佛大学原则谈判法"。

(一)原则式谈判与传统式谈判的比较

按照费舍尔的观点,任何谈判的方法都可以通过三个标准来进行比较,即谈判是否能达成明确的协议;是否是有效率的谈判;是否能改善(至少不损害)双方的关系。好的谈判是指谈判结果尽可能保障了双方的利益,公平地解决了双方的矛盾冲突,并考虑了双方的关系。在原则式谈判理论提出之前,传统式谈判(立场式谈判)无法达到上述标准。立场式谈判的双方往往站在各自的立场,为自己争辩,最后做出一定妥协,找到双方都能接受的折中办法。这样的谈判,也许会达成共识,也许毫无结果。

人们通常将立场式谈判划分为软式谈判和硬式谈判两种风格。其中,软式谈判又称"友好型谈判",谈判者可以为达成协议而让步,尽量避免冲突,总是希望通过谈判签订一个皆大欢喜的协议,或者至少能够签订一个满足彼此基本利益的协议而不至于空手而归。硬式谈判又称"立场型谈判",谈判者将谈判看作一场意志力的竞争,认为在这种竞争中,立场越强硬的一方最后获得的收益也会越多。硬式风格的谈判者往往更多地关注如何维护自身的立场,抬高和加强自己的地位,总是处心积虑地要压倒对方。

根据罗杰·费舍尔的观点,立场式谈判的这两种谈判风格都是错误的,正确的谈判风格应该是原则式谈判风格。与软式谈判相比,原则式谈判也注意与对方保持良好的关系,但是并不像软式谈判那样只强调双方的关系而忽视利益的公平;与硬式谈判相比,原则式谈判理论主张注重调和双方的利益,而不是在立场上纠缠不清。因此,原则式谈判既不是软式谈判,也不是硬式谈判,而是介于两者之间。原则式谈判注重基本利益、互惠方案和公平标准,这通常导致更明智的谈判结果。它使谈判者有效地在一系列问题中逐渐与对方达成共识,而无须在死守立场和放弃立场之间徒耗精力。把人和事分割开来,谈判者才能真正把对方当作一个有血有肉的人而直接有效地同他打交道,最终得到友善的结果。[①]

(二)原则式谈判理论的基本内容

罗杰·费舍尔等人提出的原则式谈判理论有以下四个基本谈判要点。

1. 把人与事分开

把人与事分开,就是谈判者在谈判过程中将人的因素与谈判的具体问题区别开,对事实要强硬,对人要温和,要将对手视为并肩作战的合作伙伴,只争论事实问题,而不攻击对方。原则式谈判理论认为,谈判对手也是人,是有感情、有深层次价值观的,长期建立起来的个人友谊值得珍惜。但是,谈判者必须正确处理实际利益和人际关系,两者并不矛盾,不能试图通过牺牲实际利益来换取友谊。

为此,原则式谈判理论提出以下建议:

(1)试图理解对手。试着站在对方的角度看问题;切忌猜疑对方,不要用自己的问题指责对方;公开各自的想法并与对方坦诚地讨论,寻找可以不依赖对方观点而谈判的机会;给谈判对手留足面子,提案要与对方观念相符。

(2)稳定情绪。了解自己和对方的情绪,把自己的情绪表白出来;通过一定方式疏通对方情绪,不要对感情冲击给予反击;任何一方都不能无视对方的情感体验,任何一方都应该对对方的感情做出积极的反应;控制自己的情绪并了解对方的情绪,有助于防止谈判陷入毫无成效的相互指责中。

(3)真诚沟通。努力地听别人说并理解其内容,同时让别人理解自己。互相交流对问题的看法,寻找彼此的共同点;沟通的目的是讲清双方的利益关系,共同讨论和解决谈判问题;谈判时应言简意赅,建立良好的合作关系,对事不对人。

2. 关注利益而不是立场

商务谈判时的基本问题并非表面上的立场问题,而是实质上的利益问题,因而不要只注重协调立场,而应该去调节双方的基本利益。任何一个利害冲突,都有多个令人满意的解决方案或途径,而并非只有表面的一个立场或方案,共同的利益比冲突的立场或利益要大得多。然而,在谈判中"集中精力于利益,而不是立场",对于谈判者来说是不容易做到的。立场具体而明确,但隐藏在立场后面的利益可能是不清晰、不具体的。为此,原则式谈判理论提出以下建议:

(1)寻求双方立场背后的利益。在谈判中,双方的立场往往是对立的,当

---

① 〔美〕罗杰·费舍尔. 谈判力 [M]. 王燕,译. 北京:中信出版社,2012:55-56.

双方立场对立时，往往会产生利益对立的错觉。此时如果双方都去捍卫自己的立场，就会导致产生争论或陷入僵局。而对利益来说，双方不仅存在冲突性利益，更重要的是存在共同性利益，而且同一利益存在多种可以实现的方案，因此调和利益比调和立场更容易达成共识。

（2）辨析双方利益。探求对方的利益，分析对方的意图，了解双方的多重利益。其中最强烈的利益是人的基本需求。

（3）通过一张表格将双方利益列出来。讨论共同的利益，重视对方的利益，对利益强硬，而对谈判对手态度友好。

3. 为共同利益设计方案

原则式谈判理论认为，在现实谈判中，影响人们对多种方案选择的障碍有：

（1）过早的判断：没有经过深思熟虑就断定某个方案可行或者不行。

（2）寻求唯一的答案：由于思维定势等原因，人们往往认为问题的解决方案只有一个，提出建设性的可选方案并不是谈判中的必要步骤。

（3）固定的分配模式：谈判双方往往认为谈判就是在分一个大小固定的蛋糕，一方得到的多，另一方得到的必然少，分配模式被固化了。

（4）认为对方的问题应由对方解决，与己无关。

原则式谈判理论建议从以下几方面着手，克服上述四种障碍，为谈判双方的共同利益设计方案：

第一，将方案设计与方案评价分开。因为存在过早判断的障碍，谈判双方往往会轻易地将新方案否定。所以，在进行方案设计时，应该先进行头脑风暴，构思多种方案，然后再决定是否采用。鼓励不成熟的方案，避免干扰正常的创造性思维。

第二，扩大选择的范围。设计多种供选择方案，这包括四种类型的思维：考虑一个特殊问题，即双方争论的焦点问题；描述型分析，即从总体中分析存在的问题，分别分析各自的成因；从全局出发考虑，具体该做什么、有什么问题、如何解决；得出一些详细可行的行动建议。往往谈判双方能否达成协议的关键，就在于有无多种多样的选择方案供双方多角度地评估和判断。

第三，寻求共同利益。共同利益往往不是显而易见的，而是潜藏在谈判立场中的。找到共同利益，并作为双方的共同目标，有助于谈判取得进展。强调共同利益也可以使谈判变得顺利。从寻找双方的共同利益着手，是寻求满足双方利益方案的捷径。

第四，让对方的决策变得容易。在谈判中，要想达成协议，就要使双方都能满足各自的利益。谈判者如果站在对方的角度考虑方案，提出适合双方利益的方案，研究出易于使对方做出决定的方案，对方就会做出己方所预期的决定。

4. 坚持运用客观标准分析谈判结果

现实经济活动中，不论谈判者有多了解对方利益，不管双方利益有多契合，双方利益冲突仍然可能存在。为了解决双方利益方面的矛盾，较好的方法就是坚持使用客观标准。所谓客观标准，就是公正、有效、科学化的先例、惯例、案例、模式等，并具有公平性、有效性和科学性的特点。具体来说，它应符合以下三个条件：应该独立于各方主观意志之外；具有合法性且切合实际；客观标准至少在理论上适用于双方。

原则谈判理论强调，在用客观标准进行谈判时要注意：每个问题都以双方共同寻求的客观标准来确定；以理性来确定标准及标准的应用；绝不屈服于压力，而只服从于原则。

综上所述，原则式谈判理论是一种科学的、理性的谈判方法，它集中于实质利益的原则、谈判协议的替代方案原则以及客观标准原则，使谈判者在谈判议题上逐渐与对方达成共识，避免了死守单一立场方案不放，而最终导致谈判破裂的局面，从而提高了谈判效率。

原则式谈判理论是美国谈判专家对商务谈判活动实践规律的总结，是一种比较理想的谈判模式。该理论依赖于成熟的市场经济机制原则，谈判双方对谈判有同样的价值理解，并对谈判信息进行了充分的准备。因而，原则式谈判理论并不能作为所有商务谈判活动的行为标准。

三、博弈论

（一）博弈论概述

1. 博弈论的起源与发展

博弈论又称"对策论"（Game theory），是二人在平等的对局中各自利用对方的策略变换自己的对抗策略，以达到取胜的目的。博弈论思想古已有之，中国古代的《孙子兵法》一书，不仅是一部军事著作，而且算是最早的一部博弈论著作。博弈论最初主要研究象棋、桥牌、赌博中的胜负问题，考虑游戏中的个体预测行为和实际行为，并研究它们的优化策略。最初人们对博弈局势的把握仅仅停留在经验上，没有向理论化发展。

近代对于博弈论的研究，开始于策梅洛（Zermelo）、波莱尔（Borel）及冯·诺依曼（Von Neuman）。1928年，冯·诺依曼证明了博弈论的基本原理，从而宣告了博弈论的正式诞生。1944年，冯·诺依曼和摩根斯坦共著的划时代巨著《博弈论与经济行为》将二人博弈推广到N人博弈结构，并将博弈论系统地应用于经济领域，从而奠定了这一学科的基础和理论体系。1950—1951年，约翰·福布斯·纳什（John Forbes Nash）利用不动点定理证明了均衡点的存在，为博弈论的一般化奠定了坚实的基础。纳什的开创性论文《N人博弈的均衡点》《非合作博弈》等，给出了纳什均衡的概念和均衡存在定理。此外，莱因哈德·泽尔腾、约翰·海萨尼的研究也对博弈论的发展起到推动作用。

当今博弈论已发展成一门较完善的学科。它是现代数学的分支之一，也是运筹学的重要组成内容之一。博弈论是研究某个个人或组织，面对一定的环境条件，在一定的规则约束下，依靠所掌握的信息，利用对方的策略变换自己的对抗策略，取得相应结果或收益的过程。随着博弈论运用的领域越来越广泛，博弈理论在谈判活动中的应用也越来越受到人们的关注，因此成为现代商务谈判中常用的关键理论之一。

2. 囚徒困境

博弈按不同的标准可以分成不同的类型，按当事人之间是否有约束协议，博弈可以分为合作博弈和非合作博弈两类。前者指人们达成合作时如何分配合作得到的收益，即收益分配问题，强调团体理性；而后者是人们在利益相互影响的局势中如何决策以使自己的收益最大，即策略选择问题，强调个人理性。"囚徒困境"就是著名的非合作博弈的例子。

"囚徒困境"是1950年数学家阿尔伯特·塔克（Albert Tucker）任斯坦福大学客座教授时，在一次演讲中举的一个十分形象的例子。他运用两个囚犯的故事对博弈论做了生动而贴切的描述，大致如下：

甲乙两人在大楼里面放了一把火,准备等大火燃烧起来时偷东西。当大火点燃后两人便进去偷东西,但当他们准备离开时被警察发现,并因犯偷窃罪而被抓了起来。警方怀疑,大火可能是他们放的,但没有证据。于是警方分别囚禁两人,使他们不能交流,同时对他们分别进行审讯,告诉他们相同的内容:"你有两个选择,坦白或不坦白。如果你坦白火是你们放的,而你的同伴没有坦白,你就会被释放,而你的同伴将被判10年徒刑;同样,如果你不坦白,而你的同伴坦白的话,他就会被释放,而你将会被判10年徒刑;但如果你坦白而对方也坦白的话,那么两人都被判8年徒刑;如果两人都不坦白,那么你们都将被判1年徒刑。"[1] 在这种情形下,坦白和不坦白就变成了囚犯的选择,要么坦白,自己将被释放或被判8年徒刑,要么不坦白,自己将被判1年或10年徒刑。当然,最好的选择是两人都不坦白,将获得双方利益最大的双赢,但由于他们不能互通信息,无法形成一种合作的协议,两个囚徒就陷入了困境。不管对方坦白还是不坦白,自己坦白都是个人利益最大化的最佳选择,所以这时两个理性的囚徒都会选择指控自己的同伙——坦白,形成了双输的局面。

在谈判中同样存在"囚徒困境"(表1-2-1)。谈判方选择合作充满了风险,谈判的结果取决于对方的选择。当然,谈判中双方完全可以互相沟通,避免囚徒那样的困境。通过沟通能克服选择合作的主要障碍,但沟通并不能完全消除困境。

表1-2-1 谈判中的"囚徒困境"

	A 竞争	A 合作
B 竞争	A 和 B 均获得中等收益(双输)	A 获得低收益,B 获得高收益
B 合作	B 获得低收益,A 获得高收益	A 和 B 均获得高收益(双赢)

1990年,汤普森和海斯蒂发现了一种在谈判中非常隐匿却应用广泛的效应:双输效应。谈判双方往往在一部分议题上有着可以并存的利益,但大部分谈判者不能意识到对方有着与自己兼容的利益。这种未能利用可兼容利益的情况下达成的协议,就是一个双输协议。

如果谈判双方能在合作过程中建立长期的合作关系,有效地规避囚徒困境,这就是所谓的重复博弈。重复博弈(repeated game),顾名思义是指同样结构的博

---

[1] 白远. 国际商务谈判:理论、案例分析与实践[M]. 北京:中国人民大学出版社,2012:91-92.

弈重复许多次，其中的每次博弈被称为"阶段博弈"（stage game）。重复博弈是动态博弈中的重要内容。如果博弈只进行一次，博弈各方都只关心对这次交易的一次性支付；如果博弈是重复多次的，博弈参与人可能会为了长远利益而对眼前利益做一些牺牲让步，从而选择不同的策略。

美国数学家艾克斯罗德还利用数学和计算机系统地研究如何突破囚徒困境。结合他的研究成果与商务谈判的具体实践，可以将商务谈判中遇到的交易分为四种类型：

（1）交易是一次性的

在这样的条件下，理性的谈判者都会从自身利益最大化的角度出发做出最利己的决定。因为谈判不再涉及后续的合作，只有此时获取效益的最大化才能够实现谈判的目的与意义。也就是说，这时谈判各方都不会考虑集体利益，只要个体利益得以实现就达成了此次谈判的目标。

从前，这样的事件时有发生。然而，在如今信用制度主导下的商品经济社会，人与人、利益主体之间的以信用合作为基础的经济合作模式，成为社会经济运行的主导，这种一次性追求利益目标，不考虑集体利益的做法已经淡出了商业合作的视线，尤其是涉及重大经济利益和较大数额的合作，更需要以良好的信用为基础。

（2）交易是有限次的

合作前期，谈判各方都会本着合作的态度履行合同或规定的义务。然而，越到后期，当各方的违约成本越来越低，违约为自己带来的收益越来越大时，就会让利益主体萌生违约的想法。毕竟，追求利益最大化是商业主体追求的终极目标。

（3）交易是无限次的

在交易无限次的前提假定下，为了使交易能够尽可能顺利、持久地进行，谈判各方通常都会较好地履行自身的权利和义务。因为他们知道，一旦违约，他们也会遭到对方报复性的威胁，这样使双方都蒙受损失，反而得不偿失。如果采取长久的合作策略，避免博弈过程中囚徒困境的出现，同时实现各方利益的最优化，这种策略才是最优选择。

（4）交易的次数期限不确定

与交易无限次相比，交易次数期限不确定更符合现实情况。在真正的交易过程中，交易各方往往很难确定与对方的合作次数期限。因为这不仅取决于自身的经营情况，更是与对方的经营状况、整体的行业发展情况，以及政策情况等各种条件息息相关，大多时候是很难进行准确预测的。道理类似于交易无限次的情况，交易各方在不确定合作期限的情况下，通常都采取合作的策略，争取长期持续的合作。

在重复博弈中，每次博弈的条件、规则和内容都是相同的，但由于有一个长期利益的存在，因此博弈各方在当前阶段的博弈中，要考虑到不能引起其他博弈方在后面阶段的对抗、报复或恶性竞争，即不能像在一次性静态博弈中那样毫不顾及其他博弈方的利益。有时，一方做出一种合作的姿态，可能使其他博弈方在今后阶段采取合作的态度，从而实现共同的长期利益。①

维持长期合作，考虑集体利益，最重要的品质就是要诚信。儒家代表人物之一荀子曾经说："言无常信，行无常贞，惟利所在，无所不倾，若是则可谓小人矣。"② 此句说的正是诚信在商业经营中至关重要，唯有诚信经营，与人建立长期的合作关系、供需关系才能保证持续长久地经营。这些道理在很多著名的实业家身上都得到了践行。李嘉诚早年投身塑胶行业，正当春风得意之时，一家客户宣称他的塑胶制品质量粗劣，要求退货。他陷入了人生的重大磨难之中，产品积压，没有进账。在这样不利的环境下，他召开职工大会，坦陈自己的经营失误，随后又拜访了银行、原材料供应商、客户等，向他们一一道歉，祈求他们的原谅。正是这样诚实恳切的态度，使得大家看出他作为一个实业家的基本素质，愿意陪他一同渡过难关。诚实、信用使得李嘉诚不仅赢得了员工的支持，也得到了合作各方的肯定，最终摆脱了危机。

（二）博弈论在国际商务谈判中的应用

谈判过程中的博弈是为使谈判双方最低程度地从谈判中获取己方预期实现的利益。在谈判过程中，依据博弈的特性确立适合的谈判程序，对为实现利益的目

---

① 〔美〕罗伯特·艾克斯罗德. 合作的进化 [M]. 吴坚忠，译. 上海：上海人民出版社，2007：118.

② 王先谦. 荀子集解 [M]. 北京：中华书局，2022：208.

标服务具有很大的现实意义。通常情况下,在博弈论基础上建立的谈判程序分为三个步骤:第一,建立风险值;第二,确立合作的剩余;第三,达成分享剩余的协议。

1. 建立风险值

现实生活中,由于人与人对风险的承受能力与对收益的预期不同,通常把参与到风险投资等活动中的人分为三类,即风险爱好者、风险中立者和风险回避者。

风险爱好者喜欢风险,当消费者获得的确定性收入效用小于风险条件下期望收入的效用或者两者相等时,消费者偏爱风险收入所得到的效用,这时消费者为风险爱好者。风险中立者亦称为"风险中性者",一般是消费者在无风险确定收入的效用水平和有风险条件下期望收入效用水平相等时消费者没有明显偏好,此时消费者为风险中立者。风险回避者多为消费者获得的确定性收入效用大于有风险条件下的期望收入效用或者两者相等时,消费者偏爱确定性收入所得效用,这时消费者为风险回避者。

在实际估计风险时,除了上述因素起作用外,还有一些其他因素也会对风险值的形成造成影响。例如,对投资的某事物做出评估的时候,考虑谈判各方的地位和性质不同,各方的价值可能会有所差异。比如,一批供应的原料对不急需原料的生产商供应商而言,效用就要比急需这批原料进行生产的厂家小得多。相对的,他们愿意出的价格,即他们愿意为之承担的代价也就不尽相同。又比如,谈判各方的关系如何也决定了风险值的预估。如果谈判各方关系融洽,是长期的合作伙伴,谈判就比较容易进行,也易于取得比较好的结果;如果谈判的各方本来就存在着竞争关系,谈判火药味十足,甚至很难将谈判进行下去,那么出现可喜结果的可能性就比较小。

2. 确立合作的剩余

谈判之初,谈判各方都会对己方和对方的情况及砝码进行摸底。在确定了自己的底线之后提出合作的协议,双方再进行谈判、磋商,最终可能商定合作的基本意向。也就是说,通常情况下,谈判各方开始时会提出高于自己能够承受的底线,提出谈判的条件,然后随着谈判的进行,各方慢慢向对方靠近,也慢慢接近自己的底线。

跟我们平时购物的道理相同,如果可以讨价还价,我们会在心中根据物品本身和自己的偏好程度，设定一个自己能够接受的价码，然后在讨价还价的过程中慢慢提高。同样，对于售货的人员来说，开始时会提出一个较高的价码，然后慢慢降低，双方共同向能够达成交易的价码靠拢。这样的讨价还价余地就是合作的剩余。

剩余的分配是没有统一标准的，一般要看谈判各方所处的地位、实力以及谈判过程中对对方信息的掌握程度以及策略的应用情况。在通常的零和博弈过程中，一方的收益往往是以另一方的损失为前提的，所以谈判过程中对自己利益的争取也就涉及对对方利益的侵害，双方都会竭尽所能地追求自身利益的最大化。

然而，求同存异进行合作最期望看到的结果往往是非零和博弈，也就是合作的各方可以通过合作扩大，在没有合作情况下各方所能获得的利益总和，而不是仅仅盯着一块既定的蛋糕想着怎么去分割。非零和博弈是通过不同的策略组合，使得博弈各方的所得利益之和增大，通过相互之间的协调配合，共同扩大利益。

3. 达成分享剩余的协议

谈判本身的进行是不确定的，这也是谈判进行的基本前提。谈判的结果可能是达成谈判协议，也可能是谈判的破裂。谈判的各方是否能在谈判过程中对剩余的分配达成一致，是平均分配还是有所差异，都有很多因素左右。实际谈判时，谈判各方对对方的剩余是多少或者对方的底线是多少，可能并不会有准确的把握，此时，本着合作的态度参加到谈判中，在可以协调一致的范围之内达成协议对各方都有益。协议本身既是分享合作剩余的标准，又可以成为联系谈判各方之间的纽带，为后续进一步的合作奠定基础。

第三节 从跨文化视角看文化差异

世界各国的自然环境、风俗习惯、经济发展程度的不同，导致了世界各国之间的文化差异，这些差异在一定程度上影响了我们的思维方式、价值观念以及行为方式。在当今全球文化不断融合的过程中，文化差异也在渐渐凸显，同时也在矛盾中不断地消融。

国际商务谈判作为人际交往的一种形式，一定会涉及不同地域、民族、社会文化之间的交往和接触，进而产生跨文化谈判。在跨文化谈判中，不同地域、民族、文化之间存在的差异必将影响到谈判者的谈判风格，从而影响到整个谈判的进程。因此，从事跨文化的商务谈判时，有必要了解和掌握不同文化间的联系与差异。在做谈判准备时，更要明白文化差异对谈判的影响，只有积极地面对这种影响才可以实现预期目标。

一、文化的概念与跨文化意识

（一）文化的概念

关于文化的定义，各位学者、专家的观点可谓见仁见智。据统计，现已存在的关于文化的定义已经有200多种，这里就其中较有代表性的定义进行分析。

1. "文化"一词的来源

古汉语中的"文化"和现在的"文化"有着不同的含义。汉代的《说苑·指武》中第一次记载了该词，指出："文化不改，然后加诛。"[1]这里的"文化"与"武功"相对，有文治教化的意义，表达的是一种治理社会的方法和主张。

广义的文化是指人类社会历史实践过程中所创造的物质财富以及精神财富的总和；狭义的文化是指社会的意识形态以及与之相适应的制度与组织机构。

culture一词来源于拉丁文cultura，是"耕种、居住、保护和崇拜"的意思。它曾经的意思是"犁"，指的是过程、动作，后来引申为培养人的技能、品质。然后到了18世纪，该词又进一步转义，表示"整个社会里知识发展的普遍状态""心灵的普遍状态和习惯"以及"各种艺术的普遍状态"。

2. 近现代学者的见解

英国人类学家爱德华·泰勒（Edward Tylor）对文化所下的定义可以算作文化定义的起源，是一种经典性的定义，被学术界普遍接受和认同。19世纪70年代，他出版了《原始文化》一书。他在该书中指出，从广泛的民族学意义来讲，文化是一个复合整体，包括了知识、信仰、艺术、道德、法律、习俗，以及作为一个社会成员的人所习得的其他一切能力和习惯。[2]

萨姆瓦（Larry Samovar）等人是研究有关交际问题的学者，他们对文化下的

---

[1] （汉）刘向. 说苑译注[M]. 程翔, 译注. 北京：北京大学出版社，2009：55.
[2] 〔英〕爱德华·泰勒. 原始文化[M]. 蔡江浓, 译. 杭州：浙江人民出版社，1988：64.

定义概括起来就是：文化是经过前人的努力而积累、流传下来的知识、经验、信念、宗教以及物质财富等的总和。文化暗含在语言、交际行为和日常行为中。[①]

莫兰（Moran）认为文化是人类群体不断演变的生活方式，包含一套共有的生活实践体系，这一体系基于一套共有的世界观念，关系到一系列共有的文化产品，并置于特定的社会情境之中。其中，文化产品是文化的物理层面，是由文化社群以及文化个体创造或采纳的文化实体；文化个体的所有文化实践行为都是在特定的文化社群中发生的；文化社群包括社会环境和群体。[②]

美国社会学家伊恩·罗伯逊（Ian Robertson）从社会学的角度对文化做了界定，他认为文化包括大家享有的物质的和非物质的全部人类社会产品。

张岱年和程宜山指出，文化是人类在处理其与客观现实的关系时所采取的行为和思维方式，及其所创造出来的一切成果，是活动方式与活动成果的辩证统一。

金惠康指出，文化是生产方式、生活方式、价值观念以及社会准则等构成的复合体。总的来讲，文化可以分为广义和狭义两种类型，具体含义如下。

（1）广义的文化是人类从事物质生产活动和精神生产活动时所创造的一切成果。从这个意义上讲，文化实际是人类通过改造自然和社会而逐步实现自身价值观念的过程。

（2）狭义的文化是指精神创造活动及其结果。文化是在社会中习得的一整套价值观、信念和行为规则。[③]

（二）跨文化意识

认知过程强调随着对双方文化特点理解的加深，人们的思维发生了变化，形成了跨文化意识。跨文化意识使人们认识到世界中思想和行为的多样性，对比各种文化的相似性和差异，认识各类文化中蕴含的价值观念，理解文化之间的相互作用。跨文化意识是对深层次社会文化差异的理解，包括社会地位和身份、不同社会群体的文化历史、创造性实践和信仰视角，以及交际过程中的动态权力关系，跨文化意识是跨文化交际能力最重要的成分。

---

① 〔美〕拉里·萨姆瓦.跨文化传播[M].闵惠泉，译.北京：中国人民大学出版社，2010：26.
② 〔英〕乔·莫兰.跨学科：人文学科的诞生、危机与未来[M].陈后亮，译.南京：南京大学出版社，2023：135.
③ 金惠康.跨文化旅游翻译[M].天津：中国对外翻译出版社，2009：46.

跨文化意识要求人们能够绘制文化地图，即建立本国文化和其他文化关联的认知能力。绘制文化地图能力是文化意识的表征，需要经历四步骤的发展过程。首先，人们基于肤浅的文化特征知识评价文化差异，流露出困惑和不信任的态度，排外情绪明显。其次，人们基于更深一层的文化特征知识进行文化对比，这可能导致内在冲突，形成对文化差异不合理的解释，从而激起沮丧和失望情绪。再次，人们开始理性地分析文化特征的差异，逐渐形成对文化差异的理解，开始相信文化差异的存在。最后，人们开始认识双方核心文化特征的相互渗透，能够舒适地生活于其他文化之中。通过这一认知发展过程，人们可以获取双方文化的知识，发展全球互联的意识。从这一发展过程来看，跨文化意识的形成需要三个要素，分别是文化知识、文化对比意识和全球意识。

1. 了解异国文化知识

文化知识是理解本国和他国的历史、现状、社会价值观、社会习俗和规范、社会制度和政策以及文化产物。文化知识是跨文化意识的重要部分，是跨文化能力的首要条件。文化知识主要包括两个方面。

一是与文化、交际、跨文化交际相关概念和理论的知识。跨文化交际基本内容涵盖文化价值观的文化维度理论研究、言语和非言语交际中的文化特征、跨文化传播研究，以及跨文化管理、跨文化交际能力和适应等方面的研究。跨文化相关概念和理论是培养跨文化理解和跨文化思辨能力的基础。跨文化交际人员应知道文化、交际、跨文化、跨文化交际的定义；需要理解文化模式、文化多样性、文化冲击和误解、思维定势和偏见、文化身份、言语交际和非言语交际、跨文化适应、跨文化交际能力、全球化公民、民族中心主义和民族相对主义的含义和特征；需要价值取向理论、文化维度理论和面子协商理论的基本框架。

二是关于本国和其他国家的文化概况。对于其他文化的了解主要包括物理环境（地理、自然和建筑）和日常生活（家庭和朋友、娱乐和体育、饮食和旅游、文学与艺术、风俗和礼仪、节日和庆典、医疗和健康、教育和社会制度、流行与网络、商务与外交、科技与创新、社会福利与伦理道德、生活图景和热点）两大方面的内容。

从上述内容看，文化知识可置于马林诺夫斯基的文化理论框架之中。该框架将文化划分成外显层、中间层和核心层三个层次。外显层为文化反映出的物质内容，诸如标志、仪式和项目等，中间层为文化群体构成的社会组织形式和制度，如规则、法律、组织和制度等，核心层为文化群体的精神层面，如哲学思想和民族意志等。文化学习一般从外显层开始，随后进入中间层，最后引发在思想意识上的改变，即进入核心层的精神文化，体现出从易到难的学习过程。文化知识学习能够增强文化归属感，帮助建构文化身份，理解文化特性。

2. 文化对比意识

在跨文化交际中，人们经常会被意想不到的交际行为震撼，这种文化震惊往往是由文化差异所致。文化差异意识是跨文化交际能力培养的主要内容之一，因为人们每认识到一种新的文化差异都会拓展其跨文化意识。

在跨文化交际过程中，时常会遇到关于文化冲突和误解的情况。跨文化交际人员要能够识别文化差异，对比不同文化之间的深层文化因素，包括价值观（个人主义与集体主义、性别文化、权利距离、不确定性的规避与容忍）、语言意义、自然观、思维模式、时空观、信仰体系、哲学思想、人际关系、认识论和方法论等方面；需要培养文化差异的意识和进行文化对比的能力，具体表现为能够从对比的视角，意识到中外文化在文化背景、社会体系和价值观念的共同之处和差异。

文化对比的目的不是区分出中西文化的优劣，而是给予不同文化平等尊重和关注，促进文化之间的平等交流。文化对比意识有助于深化对中外文化的理解，避免在交际中由文化迁移而导致的语用失误。

3. 全球意识

近年来关于全球化问题越来越受到重视。日益增长的文化多样性成为当今时代全球职场最紧迫的挑战。跨文化交际人员需要了解当今时代背景、世界热点和国际形势，认识国际经济、贸易和政治中存在的核心问题。

全球意识指人们对世界互相联系、互相依存本质的认识。全球意识能够拓宽人们的视野，预想全球社会的来临，要适当、有效地使用跨文化交际技能，管理全球化变革过程中的复杂、矛盾和模糊的问题，平衡国际竞争和合作之间的矛盾冲突，设想全球趋势变化，参与全球变革过程，尊重文化差异和文化多样性，把自己视为国际社会的一分子。

在认识世界的基础上，还要意识到不同文化背景下的人有不同的世界观，看待事物的视角不同。人们往往会不自觉地从自己的文化视角出发，认识、解释和评价全球问题，形成对同一事件的不同看法，甚至得出完全相反的结论，从而导致跨文化矛盾和冲突的出现。全球意识有助于形成更开阔的国际视野，使人们更有效地参与到国际事务中去。

全球意识的形成需要对不同国家、文化，以及世界事件抱有兴趣和好奇心，也就是世界主义精神。同时，全球意识的形成也需要具有世界知识，也就是关于世界的内容知识、知识图式和话题知识。基于人们对世界事件和信息的了解，包括认识价值观（如平等、公正、自由）、全球四大体系（经济、政治、生态和科技）、全球问题（如环境、安全、发展、人权等）和全球历史（如人类价值观的变革、当代全球体系的历史发展、全球问题的根源等）四个方面。

跨文化的国家商务谈判需要谈判人员具有良好的跨文化交际意识和跨文化交际能力，这是实现谈判成功的重要前提。

二、跨文化视角下的文化差异

文化差异广义上说，是指世界不同地区的文化差别，即指人们在不同的环境下形成的语言、知识、人生观、价值观、道德观、思维方式、风俗习惯等方面在不同文化上的差异（东西方文化差异尤为突出），导致生活在不同文化背景下的人们对同一事物或同一概念的理解不同。文化是人类特有的存在和发展方式，人作为文化的主体，不仅创造了文化，而且也被文化所塑造；人类文化以社会的方式代代相传，并在不断的传承中得以丰富、进化和发展。以上这些表现了文化存在和发展过程中的共性。文化也有其丰富多彩的个性的一面，这主要通过文化的民族差异性具体地表现出来。不同的民族有着不同的语言文化、观念文化、行为文化、物质文化等，这就是文化差异。

一个民族的文化直接影响着该民族的人们对事物的认识，不同的文化背景使人们对事物的认识产生了差异。

美国密歇根大学的研究人员认为，亚洲人和北美人看待世界的眼光实际上是不一样的。他们发现，如果展示一张照片，有欧洲血统的北美学生更多的是关注前景中的物体，而中国学生则花较多的时间研究背景，并关注整幅画面。尼斯比特认为，西方人关注目标物体，而亚洲人关注的内容更多，会比较全面地观察一个场景。他认为这种差别是文化造成的。他认为，亚洲人生活在相对比较复杂的社会环境中，他们必须更多地关注别人。西方人是个人主义者，可以鲁莽行事。尼斯比特说，中国文化的关键在于和谐。而西方文化的关键则是寻找解决问题的办法，对别人的关注较少。他说，这种文化区别可以追溯到数千年前的生态和经济发展[①]。

尼斯比特发现，美国人是从客观的角度观察物体和解释行为的，而中国人则对其中的联系观察得更多一些。他说，还有一项发现可以证明亚洲人与美国人的这种区别是文化方面的差异造成的：在北美长大的亚裔看待世界的方式，介于亚洲本土人和欧洲裔美国人之间，有时更接近于美国人。[②]

不同的社会文化体系往往会赋予相同的文化现象或事件以不同的意义和象征，因此，处于不同文化之中的人，往往也就会对同一文化现象产生迥然不同的认知、感受和理解。人的文化心理结构，特别是人的文化价值系统，就像一副有色眼镜，戴上不同颜色的眼镜，人们往往就会对相同的文化现象产生不同的认识或看法。

---

① 韩宇波，牛天德.高中语文大阅读自然科学与社会科学阅读与考点[M].桂林：漓江出版社，2006：78.
② 王威.国际商务谈判[M].厦门：厦门大学出版社，2014：149.

第二章　中西方文化比较研究

在当前全球化的文化进程中,东方国家和西方国家都需要在多元文化背景下对本民族文化进行全面的价值判定和审视。随着后殖民时代的到来,许多从未占据过世界文化主流的民族文化得到了发展,冲击着西方国家文化的地位,形成了一股要求世界文化和平对话的时代浪潮。随着多元文化的融合和交流趋势的形成,跨文化比较研究日益受到了重视,而跨文化比较研究的相关进展,必将为我们的民族文化注入新的活力和机遇,从而推动中华民族文化的现代化复兴。

第一节　跨文化比较研究

把两种不同类型的文化放在一起进行比较、开展文化对比的系统研究是近代才开始的,但是,不同类型和不同民族文化之间接触、交流、融合和局限的比较却是很早之前就开始进行的了。这种情况在西方可以追溯到中世纪,那时候国际及民族间的交流虽然很少,但也是存在的。具体表现在地球东西方之间的文化及经济交汇,主要是通过一些工具、商品、器玩之类的流通,随着通商和这些器具的交流,其中夹带着不同文明及种族的文化特征,也日益增进了各方的文明接触和交流,其中历史上最著名的文化交流通道莫过于丝绸之路了,丝绸之路就是联结东西方纺织文化和工艺文化的纽带,中国的四大发明很早就传入了西方,对西方近代科技的进步起到了难以想象的巨大影响。同时,希伯来文明对地中海文明的影响,也突出体现出两类文化的融合和渗透。西方的基督教徒进入中国本土传教,教会的建立则进一步体现了西方文化在中国中古时期就有了立足之地,佛教也在东汉末年传入中国,例如上述的文化传播还有很多,在长期的交流和接触过程中,必然出现不同文明及文化的交融与碰撞,也就必然出现了对文化进行比较的问题，因为唯有通过比较，才能决定对其是排斥还是吸纳。

一、跨文化比较研究缘起的现实背景

在20世纪90年代，哈佛大学的杰出理论家亨廷顿提出了"文明冲突论"的相关理论，这一理论被视为未来世界历史发展的主要方向。亨廷顿提出的这一理念引发了全球学界对文明冲突论的广泛讨论，有支持的，有反对的，也有修正的，但总的来说，文明冲突论引发了全世界激烈的讨论，其中包括文明之间存在的冲突问题、文明之间的和谐状态，以及文明之间的冲突、和谐共存问题。无论哪种观点符合当前世界发展的实际情况，无论哪种观点占据主导地位，人们对世界史的看法都会发生改变，从而影响世界史的发展状况。这一观念的提出和讨论表明，文明已经取代了意识形态在世界演化研究中的作用，使得文明成为影响世界史发展研究的关键因素。

若从更广阔的视角来审视，我们不得不提及当前备受瞩目的"全球化"浪潮。全球化为世界带来了四个方面的变化：首先，全球化所带来的信息交流全球化，源于卫星电视和计算机网络的广泛普及；其次，全球范围内的资本流动，以跨国企业为主要载体，形成了经济全球化；再次，随着消费社会的不断发展，商品广告和旅游的全球化趋势不断加强，从而形成了消费全球化的发展趋势；最后，是大众文化的全球流行，代表符号为后现代建筑、流行音乐、麦当劳快餐、牛仔服、好莱坞电影等。从全球化的角度来看，两极社会的对立以及三个世界的消失，正好与全球化的四个发展方面相符合。在全球化的发展进程中，一方面表现出不同国家、地区之间的交往日益密切，另一方面又呈现出一种相互融合与渗透的态势，从而推动着人类历史上最伟大的文明成果——人类文明向前迈进。从这个角度来看，众多国家和地区的社会和经济改革，都与全球化的需求不谋而合。

然而，全球范围内的文明也存在较为尖锐的冲突，包括政治冲突和军事冲突两方面，文明冲突实际应该处于文明和价值的多元框架中，在实际上体现了人类历史和现实社会的重要性。然而，全球化最终呈现出了一个一体化的趋势，从这个角度来看，文明和价值的多元框架也应该处于全球化的必然趋势之中。全球化旨在建立一种一元性的价值观念，从而将不同文明的价值特性整合在一起，或者利用自身的一元价值特性，将其他不同类型的价值观转向统一的全球化观念。从这个角度来看，不同民族文明之间的冲突，似乎已经演变成了不同文明自身的价值观和全球化趋势之间产生的相互作用，这种相互作用正在不断地向前推进。因此，在这样一种情况下，人们对全球化问题往往表现出一种矛盾心态。一些主导全球一体化的国家，他们一般会将自己的国家和文明视为全球化的领导者，并借助自身的文化传播优势，将自己国家的价值视为全球化趋势的重要价值。由于这些误解的存在，我们可以观察到，许多美国学者将全球化与美国化等同起来，而欧洲学者则一直在对这种观念进行批判。尽管美国一直主导着全球化的进程，但美国只是全球化的重要载体之一，美国文化表现着全球化的趋势，只有从这个角度来看，美国才能够明确本国文化和全球化之间的正确关系。其他文明才能够避免陷入文明的发展误区，在全球化的发展浪潮中明确自身文化的发展方向。

如今，全球化已经超越了任何一种文明表面的意识形态，全球化的实质是将文明的本质与全球各个国家的文明联系在一起。在今天这个全球化的大背景之下，各文明都必须面对这一事实，全球化不是要求各个文明放弃自身的文化本质，而是以各个文明为基础进行一种全球化的文化活动，在全球化的现实背景下，各个文明应审视自身所处的现实，挖掘自身的文明资源，迎接全球化的趋势，并在应对全球化的过程中理解全球化的理念，从而提升本民族的文化价值，发展自身文明的内涵，同时也为人类文明的发展贡献力量。

二、跨文化比较研究的学术来源

17世纪，西方国家经历了科学革命和启蒙运动，形成了现代社会的基础，并开始通过殖民和贸易扩大对全世界的影响，促进了跨文化的交流和比较研究。随着一些西方国家的全球范围内的扩张，世界上不同的文化和文明之间的差异和冲突日益显现，西方和非西方的划分也逐渐形成。通过比较西方和非西方文化的特点和价值，我们可以更好地理解整体世界的多样性和复杂性，这也成了西方学术研究的一个重要领域。非西方文化呈现出丰富多彩的面貌，不仅包括美洲和伊斯兰文化，还涵盖了印度、中国、日本等多个国家和地区的文化。在全球范围内进行文化比较时，首先需要客观地探究西方和非西方之间的学术真理差异；其次，在文化观念和利益的冲突中，我们需要对西方和非西方进行明确的定义，以便在这场竞争和冲突中获得更大的优势。

这两个方面的研究纠缠在一起，共同促进了西方文化中有关西方与非西方文化之间的学术进展。将西方文化从17世纪以后的历史划分为三个不同的时期，第一个时期可以被视为"近代"，即从17世纪一直延续至19世纪末；第二个时期，从19世纪末至20世纪60年代，我们可以将其视为一种具有"现代"特征的时期；第三个时期是自20世纪60年代起至今，文化经历了一段被称为"后现代"的历史时期。这三个阶段都是一个不断变化发展的动态过程。对于跨文化比较研究而言，最为重要的阶段是从近代到现代。从历史上看，这种演变有一个发展过程。现代西方思想的发展，以爱因斯坦的现代物理学、海德格尔的存在主义、弗洛伊德的精神分析、列维·斯特劳斯的结构主义和现代神学为代表，呈现出一种复杂的存在—存在者、无意识—意识、语言—言语的本体—现象结构。存在、意识、言语等因素是表层的现象，而存在、无意识、语言则是其本质所在。然而，这一本质与现象之间的关系并不是以一种清晰的结构呈现出来的，而是以一种曲折的方式表现出来的。这种当代方式十分重视不同现象之间的复杂性，并将这种关系推广到了全世界，我们可以看到，西方文化和非西方文化的现象种类并不相同，从现象层面的角度来看，西方和非西方处于同一个平面，价值上不存在差异。跨越不同文化背景的比较研究必须以本体的平等为基石。

随着西方思想的转变，西方与非西方文化之间的交流不断深入，社会文化形成了一个新的质点，从而推动了比较学的兴起，其中包括比较文学、比较哲学、比较法学、比较宗教学、比较社会学、比较历史学、比较语言学、比较神话学等，比较学产生的一个根本原因在于，自身研究的理论不能够满足新情况的研究要求。

以比较文学作为案例，比较文学出现了两种主要的研究流派，一种是影响研究，一种是平行研究。这两种研究模式都是从基本理论的理论失效基础上发展而来的。通过对某一作品进行深入研究，我们可以得出一个普遍有效的结论，即如果不对其进行认真研究，理论就会失去其作为理论的价值。然而，在作品的传播过程中，尤其是在跨越不同民族和文化的传播中，常常会出现和语气不符合的现象，这就叫作"预期的理论失效"。因此，在当今频繁交流的社会中，传统文学理论已经无法运用到跨文化传播的文学作品中，因此比较文学的影响研究应运而生。

在跨民族、跨文化研究中，平行研究和科学理论是从文化研究的演绎失败中产生的。在一种文化中，一种概念作为另一种概念的概括，适用性较高，但是在不同文化中，人们对同一个事物存在另外一种定义、看法、分类，两种概念是不能够通用的，比如西方国家中的词汇——"崇高"（sublime），就无法在中国文化语境中找到对应的词汇，西方的"崇高"指的是客观层面的对象和主观层面的感受，因而无法应用于中国的语境之中，从而引发了多次的误会。在进行跨文化的理论交流时，传统的文学理论已经无法胜任跨文化交际活动，因此需要开展比较文学的平行研究。

比较学的视野不仅涉及了西方文化和非西方文化之间的广泛互动，还涉及西方学术自身所积累的文化理论，从而引发了质的飞跃。在自然科学领域中，爱因斯坦对牛顿的理论进行了否定，而量子力学则对经典力学进行了修正，同时非欧几何也证明了欧氏几何并不是一种普遍适用的方法。在心理学领域，弗洛伊德所倡导并不断演变的心理分析学派，揭示了一种区别于其他意识规律的无意识方式。在人类学的研究领域，本尼迪克特所著的《文化模式》则展示了各种文化思维是存在相对性的，同时也反映了习俗和情感方式的相对性。因为科学理论已经形成了一套逻辑严密的绝对真理、唯一真理和普遍有效性的体系，同时理论形态与现实世界的对应性也存在问题，所以我们需要重新审视它。因此，科学理论不能被看作绝对真实、完美无缺的真理。科学理论并非现实世界的唯一真理，而是人类在历史实践中通过主客体相互作用所塑造的一套范式，用以阐释世界的本质。从这个意义上说，不同的模式可以用来描述同一现实的本质。范式本身就是一个不断发展变化的过程，范式的理论并不是唯一的现实解释，其定义也不是普遍适用的，而是限定在一定的范围内，超出该范围则会失去效力；一个范式本身就是不断变化着的，并非永恒不变，且存在着变异、转化的可能性。范式之间存在着相互渗透、交叉和综合等可能性。比较研究与西方学术整体演进相关的范式转换，涉及了与跨文化交往密切相关的问题，这些问题都具有共同的时间和空间背景。因此，我们应该对这种现象加以关注，并且从更广阔的视角来审视这一问题，即通过跨学科综合分析来把握文化的多样性及其内在机理。其中，跨文化比较研究在三个主要领域扮演着至关重要的角色，它们分别是以人类学、以历史研究、以宗教研究为总纲的不同类型研究。

在以人类学为总纲的研究中，包括了多个学术领域。英国学者爱德华·泰勒是最早正式进行文化人类学研究的学者之一，他借助考古发掘和民间调查的研究方式，对远古人类遗迹和如今各种类型的人类群体进行研究，并提出了两个重要观点：一是将文化视为一个区别于人类群体的概念，将一种文化（如印第安文化）与另一种文化（如古欧洲文化）区分开来，以突显人类群体中固有的特性；二是将人看作具有共同祖先或共同血缘的共同体，认为每个成员都有自己的社会组织结构，并以此来划分出属于某个特定民族的文化类型。其次，在具体研究不同类型的文化时，不应从本体论的角度对等级差异进行价值判断，也不应将现代文化视作优越于其他类型文化的文化，而应将文化视为一种社会现象，侧重于描述概念，并借助文化的概念突出文化的特点。这种理论上的开放性，极大地丰富了对人类群体研究的魅力，同时也极大地促进了人类对多样性的理解[①]。然而，文化人类学的核心研究领域聚焦于原始社会群体，旨在深入探究那些已经消逝或正在消逝的文化现象。对于人类学者而言，这些消逝的文化现象，能够凸显出和现代人类社会完全不同的特征，从而有助于发现那些难以从现代社会中发现的人类文化的多样性和潜力。人类学研究之所以成为跨文化比较研究的重要基础之一，是因为它具有独特的两大特征。

虽然人类社会在几千年的发展之后，最终形成了现代社会的架构，但这一演化的主体也凸显了人类的主要特征，因此，我们应该重视对边缘人群和原始人群的人类学研究，尤其要重视对那些在历史演进中存活下来的人类主体进行研究，这些研究是至关重要且不可或缺的。对于历史研究而言，以人类演进主体为研究对象的视角，为我们提供了一个新的研究方向。一些自20世纪以来涌现的著作，从多个视角描绘了人类历史波澜壮阔的演变过程，凸显了人类历史的多样性、复杂性和丰富性，其中包括阿诺尔德·汤因比的《历史研究》、奥斯瓦尔德·斯宾格勒的《西方的没落》、卡尔·雅斯贝尔斯的《论历史的起源与目标》、伊曼纽尔·沃勒斯坦的《现代世界体系》以及威廉·麦克高希的《世界文明史》。如果说，人类学聚焦于研究理论意义上的原始文化，那么，历史研究则十分关注从原始文化发展而来的文明类型；如果说，文化人类学的研究重点在于比较研究人类原始文明，那么历史研究则更注重对原始文化之后的人类文明史进行研究，这两者之间形成了一种相辅相成的关系。

---

① 〔英〕爱德华·泰勒.原始文化[M].连树声，译.桂林：广西师范大学出版社，2005：84.

对于宗教学而言，文化的核心在于精神，而宗教则是精神的核心，因此，对于文化研究而言，宗教研究具有至关重要的地位。从宗教学的角度来看，原始宗教在文化人类学中扮演着至关重要的角色。在历史研究中，宗教也起到了重要的作用，是文化中的核心组成部分。随着西方国家的扩张活动，宗教研究也扩大了研究的范围，开始研究整个世界的宗教。因此，宗教研究可以从多个视角展开：首先是全球宗教，可以将所有宗教纳入其中，并进行细致的分类研究。其次，是对于宗教史的研究，我们需要将世界宗教史视为一个整体，将主要宗教和次要宗教这两种类型的宗教进行综合性研究。最后是比较宗教研究，由于不同宗教教义存在一定的多样性，所以宗教比较研究是不可避免的，它可以比较宗教的同一方面和不同方面。

尽管人类学、历史学和宗教学这三个领域的研究存在着巨大的差异性，但它们共同的目标是将文化作为人类的特性，将人类历史视为文化演化史，并将社会的差异看作文化方面的差异。因此，跨文化比较研究已经成为三大学术领域的共同探索方向，而这些领域的交叉融合为跨文化比较研究提供了最为重要的基础。

三、跨文化比较研究的目的、方法、内容

跨文化比较研究的理论目标，在于研究人类历史上出现的不同文化，通过比较不同文化之间的差异，特别是那些差异性十分明显的文化，以实现对人类文化的整体认知。在此处，我们需要对"整体"这一概念进行深入的阐述：

首先，由于人类历史始终处于不断演进的过程中，其全貌仍未完全呈现，因此，我们需要对其进行全面而深入的总结，包括人类学、历史学、宗教学以及一些未被提及的学术领域，以达到对人类历史的时代性总结，这是每个时代人类应尽的责任。当然，我们不可能保留过去的时代性总结。迄今为止，我们总结出的总体仍处于未完成的状态，因此我们必须对其进行不断的修正和研究。

其次，文化是具有时代特征的整体，我们应该以跨文化比较研究的视角来审视，就像跨文化比较研究的具体视角为其带来优势一样，具体视角也会给跨文化研究带来一定的限制。当我们认识到现代学术的局限性时，我们必须以高度的学术自觉性来应对。比较学的兴起源于对文化限制性的认识，因此，跨文化比较研究得出的结论总体存在一定的局限性，观察的角度源于在当前时代对学科角度

的观察。在这个意义上，文化比较学的基本问题就是要认识到整体与部分之间的关系，认识到跨文化比较研究的学术自觉性应当包括对历史和时代的不完备性的认知。

在跨文化比较研究中，"比较"这一术语已经确立了一种基本模式，即将两种或两种以上的文化进行一定的区分和比较，以确定它们的特性、类型，并依此类推。在这一基本架构中，出现了两种截然不同的方式：（1）这种文化是如此，那种文化也是如此，另一种文化仍然如此……（2）这种文化是如此，那种文化又是如此，而另一种文化则是另一种……第一种方式，说明所有的文化有一个共性的规律，真理只存在一个，但是它在不同类型文化中的表现完全不相同，这种存在的"差异"与表现的强弱、发展的具体程度、价值的具体定位有关，而与其根本性质无关。通过对不同文化形态进行比较，我们得出了正确的结论：人类历史上不同类型的文化应该借助怎样的尺度寻找到自己的定位。这种比较方式就是把各种文化放在一起进行研究，并从中找出它们之间的共性和个性。第二种方式，彰显了文化的多元性、丰富性和独特性，通过这一对比表现出不同文化之间存在的独特特征。因此，文化真理就可以看作由不同类型的文化构成的整体。这一方法建立在两个根本原则之上，第一是文化真理和具体的文化之间存在的"有无"结构，第二是不同文化之间存在的互补关系。文化的真谛在于"无"，而具体的文化则是"有"，只有在成为"有"之后，"无"才会显露出来，然而"有"并不等同于"无"，且肯定会比"无"的范围小。每一种具体的文化都是对文化本质的肯定，同时也是对文化真理的一种限定，因为它只是某一方面的体现。

在历史长河中，每一种文化的涌现，都从多个角度呈现了文化真理的内容，但却未能完全呈现出文化的全部内涵。因此，文化真理与具体文化之间的相互作用，体现了一种"有"与"无"之间的辩证关系。文化的"有"和"无"并非单一的呈现方式或纯直线的发展方式，而是一种复杂且曲折的展开方式，呈现出一种丰富的演化过程。因此，文化与文化之间的互动并非仅仅是一场简单的田径比赛，而是和量子力学的相关理论有关。这一种对比方式，旨在寻找不同之处的对比。在西方近代文化的比较研究中，常常以西方文化为基准，将各非西方文化归类到以西方文化为中心的结构中。从现代化西方文化的比较研究出现之后，人们更为注重对求异方面的比较，旨在从"有无"结构和互补原理视角出发探究文化中存在的多样性特征。本书所采用的比较方法主要基于"有无"结构和互补原理。

人类文化具有多样性，并且处于不断的发展过程中，因此可以将人类文化划分为五个不同的发展阶段：（1）原始文化阶段；（2）神庙文化阶段；（3）轴心文化阶段；（4）现代性文化阶段；（5）全球性文化阶段。人类文化是由这五个阶段构成的。随着高级阶段的发展，人类社会迎来了一个全新的发展方向，同时，相较于前一阶段的文化，高级阶段的文化更具有发展质量上的优势。尽管处于更高阶段的文化在本体论上呈现出更高的文化真理，却仅能够代表在生存论层面存有发展的优势，这一点不容忽视。对于文化的演进研究，区分这两个层面的区别是十分重要的，然而，发展的阶段能够促进文化的类型划分。文化整体是由文化阶段所塑造而成的，它具有时间的起点和终点，同时也呈现出一定的进化特征，如表2-1-1所示。

表 2-1-1　文化阶段的起止与特征

文化层级	代表文化	发生时间	类型特征
原始文化	安德尼人文化	公元前 5 万年	仪式突破
神庙文化	古埃及神庙文化、古希腊神庙文化、罗马万神庙文化	公元前 3000—公元前 1500 年	宗教突破
轴心文化	古希腊文化、以色列文化、古印度文化、中国儒家文化和道家文化	公元前 700—公元前 200 年	哲学突破
现代性文化	启蒙运动、科学革命、工业革命、现代艺术	17 世纪	科学突破
全球性文化	文化帝国主义、后现代主义思潮、街头文化、地球村理论	20 世纪 60 年代—20 世纪 90 年代	信息突破

此表的构建基于人类文化演化史和类型的综合，不仅关注文化类型的多样性（以五大类为基础），也关注文化演化的不同阶段（关注五大类型），并强调文化展现的精神高度。这五个发展阶段为人类文化研究提供了多个种类的类型基础，同时展现出了人类文化发展的历程，并且展现出了人类文化类型和历史特点的综合因素。从这些方面来看，这个表具有较高的科学性和实用性。此表的五个发展阶段是从历史演变的过程中总结出来的，但在规划完成后，又对其进行了类型方面的分类。因此，表格中的分类方式是时间、类型和层级的统一。

从自然的角度来看，仪式是文化定义的来源，仪式中的文身之人是"文"这一文字的起源。随着仪式的出现，人类社会也建立起了一套文化的制度和观念，这标志着始终处于演化状态的人类终于进入了文化时代。

安德尼人的葬礼仪式，作为最早的原始文化之一，其形成标志着原始文化的诞生。无论是美洲、澳洲还是非洲的文化，在19世纪、20世纪、21世纪都被归类为原始文化的一部分。

以公元前3000年美索不达米亚文化和埃及文化为起点，神学性文化逐渐出现了一种宗教仪式，并能够代表宗教仪式的作用，它以埃及、巴比伦、古印度、中国商代四大文明为典范。在这种不同的文化背景下产生出来的两种宗教信仰——神权与王权的差异也就非常明显。因此，只要是属于神学性文化的范围，无论历史发展到哪个阶段，如美洲的玛雅文化、欧洲的凯尔特文化、亚洲的西藏文化，在类型划分上都属于神学性文化的一部分。

从公元前700至公元前200年间，轴心文化在中国、印度和地中海三大区域同步涌现，其哲学方面的发展影响了人类文化史的历程，而这种突破则是轴心文化等级标准的体现。任何具有相同哲学内涵的文化，在轴心时代都将成为文化的象征，例如伊斯兰文化在公元7世纪的兴起，以及俄罗斯文化在公元10世纪皈依东正教后的兴起。

17世纪现代社会在西欧地域的兴起，催生了现代性文化的萌芽，最重要的发展成果是在科学领域取得了较大的突破。在当时的社会中，科学和理性已经成为不可或缺的核心元素。随着全球化的推进和非西方文化的不断演进，那些吸收了现代文化元素并成为社会重要组成部分的文化，都在进入或者已经进入了现代文化的时期。

现代文化的发展是人类文化史的一个重要里程碑，它主要从三个方面得到了彰显：首先，世界已经成为一个真正的整体。以前的人类文化发展基本是在各个分散的地域中开展的，并相互独立地按照自身的文化规律演进，而现代文化则将全世界的文化纳入了一个统一的话语体系中，正是这种"统一"的特征，推动沃勒斯坦的"世界体系"产生了历史效应。在这个过程中，文化成为一种能够与整个社会系统相融合的力量和因素。在现代社会之前，不同阶段的各种文化可以较为独立地游离在历史的发展主流之外，而现在则被有机地融入以主流文化为主导的世界一体化中，并在世界一体化的结构中呈现了一个新的含义。其次，文化的渗透破坏了人类与自然之间的平衡关系，使得人类和自然出现了一种冲突的矛盾。如果说，在现代文化之前，人类与自然之间处于一种相对平稳的发展环境中，但随着文化的发展，人类和自然出现了根本上的矛盾，这是不可逆转的趋势。再次，文化和自然之间的矛盾凸显出来。在现代文化出现之前，每一个社会都将自然的规律视为社会的根本规律，自然就是文化的内在含义。然而，当现代文化与自然发生冲突，出现了严重的自然危机之后，文化不能够再和自然等同起来，人们开始思考文化和自然相应的本质内涵。

随着现代文化这三个内涵得到了质的发展之后，现代文化从过去的以科学为主导，发展为以信息为主导，这标志着一个全球化时代的到来。如果说，现代文化将世界以不同的维度联系在一起，那么全球性文化则通过世贸组织、联合国、国际旅游、文化工业、跨国资本、互联网等媒介，将世界组织成了一个关系十分紧密的整体内容。在这个整体中，人类不再像以往那样从各自的文化中探寻人类、文化和宇宙的本质，而是在全球化文化的大背景下，思考文化整体中人、文化和宇宙的本质内容。在当今全球化的背景下，当处于某一个文化中的人思考这些问题时，往往会不由自主地联想到其他人在不同文化背景下的思考方式。

当前，我们自然而然地来到了全球化的发展时代，必须以跨文化比较研究的方式，重新看待文化的内涵和具体要求。因此，本书首先对跨文化比较研究做了简要介绍。在前文所示的图表中，我们可以发现，跨文化比较研究的基本方式之一，是通过对五个历史阶段的文化进行进化类型比较，这种比较呈现出了文化进化的图式；其次，我们将以五个主要阶段为起点，对同一类型的文化进行内部比较，这种比较方式可以展现出文化内部所具有的多样性。当进行跨文化比较研究时，我们需要将历史和类型融合在一起进行研究，从而展现出了这样的几种特点。

首先，起源性的"点"数量逐渐变少。尽管从人类起源这一文化起源基质的角度来看，存在着两种理论，一种是一元发生，即全球文化的起源是从非洲扩展到全球范围的；另一种则是多元发生，但随着考古学研究的不断深入，这两种理论之间的关系也在不断的波动。如果人类的一元发生理论最终得到证实，那么这种由一到多的特性仍然停留在人神学和民族学的角度，是否对文化能够产生一定的影响，还需要进一步研究。然而，仪式的创造需要多人的共同努力，因此，在作为文化起源的"仪式突破"的多元性中，有一些共性的因素在努力发挥着作用，这些因素决定了原始文化的整体性。如果我们认为一元发生的真实性有待确认，那么，宇宙生物进化的总规律，仍然在为社会的多样性现象做支撑。因此，在从作为文化起源的"仪式突破"的多元性中，仍然有一些共性的演化规律在起作用。然而，作为文化起源的"仪式突破"，如果按照如今的考古学研究资料进行考证的话，其呈现出多元化的面貌，遍布全球各地，彼此之间几乎毫不相关，呈现出千姿百态的景象。正是由于原始文化所具有的多样性和丰富性特征，才构成了后期的时代文化多元性。这些宗教文化又分别与不同地区的自然条件、历史环境、宗教信仰以及社会发展状况等因素相关。在进入神学文化的阶段后，我们可以发现，汤因比举出的21个文明中，有12个被归类为神学文化，而对于这12个文明，我们可以进一步归纳为五个系统，分别是埃及、两河、印度、中国和美洲。从这些不同历史时期的"点"，我们可以看出，基督教起源于早期人类社会。此外，再加上西欧凯尔特文化的影响，形成了六个显著的特征。这样形成一个新的历史时期——神学时代。接着，这六个"节点"开始向全球范围广泛传播。汤因比所列举的12个，实则是由这六个"点"所扩散而成的景象。因此，可以说，神学时代所呈现的景象是由六个独立的、相互关联的要素所构成的。在这一阶段内，宗教和哲学都发生了重大变化。随着轴心时代的到来，地中海、印度和中国这三个重要的地理节点成为时代的核心。这三个"点"随着各自的发展，最终形成了独具特色的文化版图。整个东亚地区，包括越南、朝鲜和日本，都深受中国文化的熏陶和影响；南亚、东南亚和中亚地区深受印度文化的熏陶和影响。东西方文化交流形成一个巨大的网络，其核心就是以轴心为中心的文化传播和融合。地中海文化在其周边地区广泛传播，形成了深远的影响。在轴心时代的文化传播阶段，印度和中国这两个文化区得到了融合，而地中海地区则涌现出希腊思想、希伯来思想和波斯思想这三种思想，这些未完成的文化融合逐渐演变成了天主教、东正教和伊斯兰教三个相互角逐的文化领域。西方国家是现代文化的先驱，随后向全球扩张，实现了从点到面的全面覆盖。因此，人类文化的五级跃进的起点，是从原始文化时期开始的，经过神学文化、轴心时代、现代文化和全球文化的发展时期，最终形成了多重角度的思考文化比较。

其次，文化的高级阶段是从初级阶段的文化发展而来的，文化的扩张逐渐演变成了不同的文化冲突和融合模式。从原始文化向神学文化的发展过程中，高级文化正在不断影响着低级文化的内容，这种渗透主要涉及工具——经济形态、制度——组织形式和思想观念形式三个方面。当文化的某一具体领域进行升级或变革时，其所代表的文化会影响低级的文化内容，从而不同阶段的文化之间会产生冲突问题，最终会导致高一级的文化主导着低级文化的发展。随着文化的升级，文化的性质和扩张方式也会发生一定的改变，从而导致文化冲突和融合的形式也随之变化。

随着原始文化向神学文化的演进，我们见证了从石器向铜器、部落向国家、图腾向"神"的多重转变。随着神学文化的发展和演进，我们不仅见证了器物的升级，也见证了国家社会的发展历程，同时也见证了神学向哲学的不断演进。随着轴心文化向现代文化的演变，我们不仅见证了机器制造水平的演进，也见证了大一统世界向民族化国家和世界性体系的发展，同时也见证了宇宙论的古代哲学向现代哲学的演进。随着现代文化向全球文化的演进，我们不仅见证了器物的升级，也见证了民族国家向着全球一体化的发展方向演化，同时也见证了现代思想向后现代思想的进步。

在升级的过程中，四大河流域所形成的核心文化与四大河流域的不同文化相互交织，从而出现了文化之间的融合和冲突现象，而在这些文化发展过程中，正是原始文化向神学文化的转化带来了一定的文化差异性。由于地中海沿岸两条主要河流的地理位置相近，再加上它们与周边原始文化之间的关系较为复杂，因而形成了一种相互角逐的文化组合。黄河作为中国文化的中心，孕育出了夏商周时期的天下共主思想。尽管印度河流域的神学文化与周边原始文化之间的关系还有待研究，但我们可以从轴心时代文化的演变中推断出其先前的基本框架。当地中海文化在轴心时代形成之前，就已经孕育了"三大思想"，即波斯的索罗亚斯德教、希伯来的犹太教和希腊哲学思想，随后又发展形成了伊斯兰教，这里聚集了四方的先知和哲学家，他们在思想上进行着激烈的斗争，但是最终没有形成文化的统一，却孕育出了较为独特的地中海类型的文化发展模式。在轴心时代，印度文化在本土文化的背景下和外来的文化相结合，这种独特的心灵关怀孕育了印度模式文化。印度文化对周边文化的影响是和谐、平和的，这种方式是通过一种独特的文化模式来实现的。在轴心时代，中国文化的政治—社会形态以家、国、天下一体为基础，以儒道互补、儒法互用、儒墨互持的方式存在，从而塑造了一种思想上的协调性，形成了一种独特的天下观。随着现代文化在西方国家得到了发展，西方国家的文化在地中海区域建立起来，从而塑造了现代文化向全球扩张的格局。当这种扩张与其他文化产生交集时，其所引发的矛盾和冲突是独一无二的，同时，它所孕育的现代文化形态也是千差万别的。因此，我们要理解今天的西方文明及其所带来的影响，就不能忽视对轴心时期的东西方文化交流以及由此引发的文化交往进行研究。尽管西方现代文化的扩张塑造了一个世界体系的景观，但不同文化的具体构成存在区别，从而衍生出各自独特的现代性模式，如俄罗斯、日本、中国、印度、伊斯兰和拉美等国家的文化模式。

从现代文化走向全球文化发展过程中，西方文化和非西方文化在400年的冲突和互动中，不断完善自身的文化内涵，而各非西方文化则在现代化的国家和社会中遭遇了不同的困难，积累了较为丰富的发展经验。随着全球化的到来，不同类型的文化形成了一个新的组合，400年的现代文化冲突和交往历程也形成了全球化的新组合，并提供了不同类型的模式。在文化交流的漫长历程中，出现了不同类型的冲突和融合发展模式，因而也具备了思考的多重角度。

第三，随着文化进化的不断深入，低级文化的存续逐渐受到威胁。在原始文化时代，人类的文化形态呈现出相对相似和多样的复杂特征，在1915年，人类学家计算出了650种不同类型的文化，这些文化各具特色。在进入高阶段的文化时期，仅有六个大类和十多个亚型的文化得以存在。随着轴心时代的到来，大类文化数量锐减至仅有3种，而亚型文化数量也不足10种。在现代文化成熟之前，过去曾经辉煌过的文化都逐渐走向消亡，如埃及、两河、卡尔特、维京文化、希腊、罗马文化等。在现代文化兴起之前，一些神学文化和轴心文化的消亡表明它们走向了更为高级的阶段和形式，并发生了新的文化融合，例如希腊、罗马、卡尔特和北欧等文化，这些文化已经融入了基督教的发展框架中。然而，一些原始文化已经处在了这些文化发展的边缘地带，它们也曾繁荣过，但后来又逐渐衰亡了。随着现代社会的兴起，玛雅、阿兹克、印加文化逐渐消亡，这些文化消亡的原因是它们未能够融入现代社会的发展框架。与此同时，还有一些和神学文化、轴心文化并存的文化，陷入发展危机并最终消失。

在文化的演进过程中，最初的阶段是生存性的，即优胜劣败。然而，这种"优""劣"的等级评价实际上只是一种工具性的存在。因此，衡量文化进化程度的标准已经演变为工具的优劣程度。然而，文化的实质并非仅仅是一种工具性的作用，而是蕴含着更为深刻的内在意义。如果说，一种文化代表着人类社会的特征，那么，一种文化的消逝就意味着人类这一独特性的消失。在漫长的历史长河中，自现代社会崛起之初，这一文化的特征便未曾被主流文化所认识到。在西方国家，这种文化已经成为一种普遍的价值观念和生活方式。在西方文化的全球扩张进程中，这种文化的消亡被视为一件令人欣慰的事情，因为文化也被划分了等级，主流文化是文明、理性和高级的，而野蛮、愚昧和低级的文化则应该被彻底消灭。西方国家的文化在几百年的文化演进之后，终于对这一文化灭绝的问题有了根本性的认识。

在我们的视野中，对于文化的认知，依然存在着众多的难题需要解决。比较文化学是开启人类认识文化之门的一把钥匙，它为我们开启了一扇探索文化发展的路径。学界可以通过对人类文化的五个发展阶段进行深入探究，并在每个阶段呈现出独特的差异和相似之处，来让我们可以更好地思考文化发展的问题。

第二节　中西方的传统文化差异

在中国文化和西方文化的历史长河中，各自都融合了很多特殊的源流传统，这些不同的源流传统，在长期的历史融合过程中逐渐形成了如今呈现在我们面前的中国文化和西方文化。

中国文化从封建社会开始，或者说得准确一点，从汉武帝以后形成了以儒家思想为主导的一种伦理文化，这个观点在学术界鲜有非议。同理，西方文化的起源有两种说法：一种是认为西方文化源于古希腊和罗马帝国的印欧人，他们创造了科学、哲学、民主、建筑、文学和艺术等领域的杰作，并将希腊语、拉丁语和罗马法传播到欧洲各地；另一种是认为西方文化源于斯拉夫人还有北欧的日尔曼人及凯尔特人的文化，这些文化是形成欧洲中世纪文化的重要推动力量。然后出现了基督教文化，基督教文化是西方文化的主体部分，就和儒家的伦理文化是中国文化的主要脉络一样。当然，这两个文化本身不是"无源之水，无本之木"，而是一个不断地聚合、发展、成形和壮大的过程。

几千年来，在中国不同古文化源流之间形成了一个基本模式，就是"以夏变夷"的模式，即以华夏的文明来改变、同化蛮夷文化。所以，中国文化有着很强的同化异域文化特点，借用生物学上一个概念，就叫作所谓的"米亚得"现象，就是两个亲本体杂交以后，其后代往往只表现出一个亲本体的性状，而另外一个亲本体性状，几乎都不见了。中国文化典型地表现了生物学上的这样一种现象。不只是游牧民族和中原的华夏政权之间的冲突如此，异域的一些高级文化，包括高级的宗教传入中原以后，也同样面临着这样的命运。所以，通过中国文化对其他宗教的改造，可以看出中国文化具有很强的同化能力。

中国的传统文化与其他文化的差异在于，中国的传统文化将大陆型的农业文明和家国同构的伦理宗法文化相融合，形成了一种统一的文化体系。这种文化是在特定历史条件下产生的，独立性较强，而且能够自给自足，同时崇尚道德，倡导以"礼"治国，主张"欲治其国者必先齐其家，欲齐其家者必先修其身"。其所蕴含的道德观念极为丰富，同时也孕育出了一种极为专制的主权主义。这种封建专制的国家统治模式，对当时及以后的中国社会都产生了深远而巨大的影响。西方社会普遍认为，儒教在中国社会中仍然占据着主导地位，这一观念已经深入人心。儒家的制度提倡重视年迈的老人，轻视年轻一代的活力，推崇历史的沉淀，轻视当下的现实，尊崇已被证实的权威，轻视变革的挑战，因此这一制度有利于维持社会的稳定发展。它又是一个保守的国家，因而在政治生活中采取一种保守而谨慎的态度。最终形成了一种以正统观念为基础、处处稳定的氛围，使得创新思想无法持续发展。这一观点或许存在一定的片面之处，但它确实反映了中国传统文化的一部分现实状况。因此，我们不能否认其存在和意义。中国的传统文化首先以崇尚"礼"为核心价值观，主要是通过伦理精神维系社会的根本。中国的传统文化也可以叫作"崇德"型文化，它超越了宗教，摆脱了神的控制，主要是靠道德理性来支撑人们的精神信念，维系社会关系。这一儒家思想的最具特色之处在于其对伦理的高度重视，强调道德至上，并按照"礼"的要求行事。实际上，这种思想是中国"家国同构"（即家庭与国家利益相结合）状态的衍生物，其中家庭生活是中国人最重要的社会生活，而与亲戚邻里朋友的关系则是中国人第二重要的社会生活。这两重社会生活从根本上反映了中国人的社会生活与社会活动，涵盖了中国人的活动范围，规定了中国人在社会层面和政治层面的根本制度。在人际关系中，强调人的义务性和责任性是至关重要的，因此社会中的人们在调节个人的精神生活和心理状态时，并不十分依赖外在的力量，而是强调做好内在的道德约束，以实现自我的完善，从而维护社会的稳定。这种精神将个人与国家、家庭的利益相结合，一方面，提升了民族、国家和社会的凝聚力和发展前景，另一方面，却削弱了人格的独立性，压抑了个人的独立意识，从某种程度上说，它不利于发挥个体的创造能力，同时十分强调使用道德的力量维系社会，强调人情的维护。其次，王权至高无上。虽然在表面上与第一点有所冲突，但它说明了中国伦理道德观的结果，彰显了中国文化的精髓。出现这种情况的缘由有二，其一是因为在崇尚道德的过程中，人们已经被纳入了一个群体的范围之中，人生活的目的是为责任和义务服务，这种道德的义务性实际上说明了"主奴根性"的缺点，从而使得弱者很容易被强者所束缚，从而形成了"崇拜王权"的社会现象。尽管古代的理政思想中蕴含着对百姓的深切关怀和爱护，似乎君主与臣民之间没有任何隔阂，但这种思想本质上已经反映了王权的至高地位，因此人民一直处于被赐予和同情的地位；其二，反映了宗法家庭在社会中的结构。传统的"三纲"思想是家族中家长制社会扩大化的缩影，皇权与父权、忠臣与子孝是两对对应的关系，它们共同构成了王权统治的核心。在家庭伦理道德的框架下，王权总能发现自身统治的本质内容，而广大民众可以从封建社会生活和家庭生活中找到组织原则的要素，因此我们能够更加轻易地了解以皇权为核心的国家政权形式。中国的封建王权统治和民族家庭的同构，共同形成了一种强大的修复能力，这也是中国王权主义能够在较长一段时间内持续发展的根本。这种以王权为中心的思想长期存在，虽然能够促进社会内部的发展，但实际上却影响了社会形态的发展，对于统治者而言，这或许是一件有益的事情，但对于一个社会的进步而言，却存在较大的弊端。

由于我国的封建王权统治和个人家庭的构造具有强大的修复能力，所以我国的封建制度得以长期存在。这种王权至上的思想，虽然有利于社会内部结构的长期稳定，但是却使得某一种社会形态没有产生发展的潜力，这一现象有利于统治者的长期统治，但是不利于社会的进步。

如今我国的文化可以说属于一种复合型的文化，已经不能够简单地归类为某一种传统类型之中。虽然我国过去的传统文化和精神依然在影响着我国的社会生活，但是随着我国社会的不断发展，西方的许多文化和精神都进入了我国社会，在西方文化和中国传统意识的融合发展过程中，我国的本土文化也逐渐和西方的思想观念、政治理论相融合。在现代社会经济快速发展的背景下，社会文化也出现了新的特征。中华民族的根性文化具有十分鲜明的特点，不管我国的文化在未来会如何发展，我国文化中最为本质的内涵依然在流传着。因为中华民族的文化本身就是兼容并包的，不同文化之间虽然没有一个统一的评价标准，但是文化之间总是会存在着相互借鉴和学习的可能。一种文化只有敞开怀抱，主动接触其他类型的文化，才能够在接触的过程中，不断融入其他文化的优势，使得自身得到丰富和发展。文化之间的学习和借鉴本身就是一个文化不断发展的过程。我们在近代化的历程中已经吸收了不少西方民族思想，现在我们的文化形成了"三位一体"的局面，不仅含有中国传统的文化底蕴，也包含了以马克思为指导的社会主义文化，同时也吸收了一定的西方文化，这是中国文化发展的必然趋势。在文化发展的过程中，我们不能够固守着传统的文化不放，也不能够将文化全盘西化，而是需要将我国的优秀文化和西方的文化融合在一起，构成独特的中国文化精神。

下面再来看看西方。西方同样有很多传统，但是各个西方文化之间的传承关系与中国这种"夏夷二分"，以及"以夏变夷"的传承关系，其基本模式是完全不同的。西方文化的起源可以追溯到三个不同的族群，分别是古希腊、古罗马和日耳曼族群，然而，我们不能简单地将其与日耳曼文化等同起来。这三种文化的差异是极为显著的，古希腊的文化传承具有和谐的特征，类似于一个人在年少时期那种灵魂与肉体相和谐的状态，并在理想和现实之间达到了平衡与和谐的境界，因此，古希腊文化具有十分特别的美感。然而，一旦进入了罗马文化的时期，它便深陷于功利主义和物欲主义的困境之中，导致社会出现了不良的风气，并践踏了整个人类社会。当然，它也推动了世俗的演进、帝国的扩张、帝国的繁荣、法律的完善，以及财产法权关系的健全。到了基督文化时代，又出现了一个180度的大转弯，这个时代的"重虚幻、轻现实"的特点，导致整个中世纪经济的落后和文化的愚昧。这些情况我们在薄伽丘的《十日谈》、拉伯雷的《巨人传》以及其他文艺复兴时期大师们的著作里都可以读到。到了近现代，西方文化之中又出现了一个整合体，它将基督教、古希腊文化、古罗马文化融合在一起，不仅有古希腊文化的和谐状态，又结合了古罗马的功利原则，对世俗热衷，同时也在不断批判着现实社会，向往着理想主义。

西方国家的文化和中国文化存在较大的差异，西方传统文化应该归属于海洋文化一类，古希腊人依海而居，这就使得古希腊人的眼界十分开阔，善于创新。虽然西方文明的发展也不是一帆风顺的，经历了一波三折，从刚开始的古希腊城市文明，发展为中世纪的农业文明，最后又回到了城市文明的进程之中，但是产生于古希腊文化的特质，却一直存在于西方文化之中，尤其是在中世纪时期，形成了近代西方特有的文化内涵。这一时期的文化内涵也有两个方面的特点：第一，社会存在的基础依赖于民众对神的信仰。西方文化的重要载体之一就是教堂，教堂的分布十分广泛，建筑的构造也十分宏伟，使得教堂成为西方艺术史和建筑史中的瑰宝，这也说明，在西方国家的精神文化中"神"的地位是十分重要的。在历史进程中，中世纪也被称作"黑暗的封建时期"，因为在这一时期之中，人们的日常生活要依靠宗教来进行，这不仅限制了人性的自由发展，也影响了民族性和国家性的内涵。在文艺复兴时期，西方国家纷纷提出反对宗教和教会的口号，其实他们在根本上是反对教权的统治，而不是反对神学，之后进行的"宗教改革"就很好地解释了这一问题，他们对传统宗教提出了反对的口号，确立了新教，从而使得宗教能够符合社会发展的要求。这是由西方人的神学概念决定的，他们认为神创造了全世界，世界的运转应该服从神的旨意，因此人应该是神的臣属，而且这一关系在西方国家是具有法定效益的。另外，宗教的外在规范决定了西方人的社会道德关系，宗教意识决定了西方人十分看重法律的作用。第二，古希腊文化十分看重人性的作用，看重个体的作用。古希腊文化看重人本精神，他们崇拜英雄主义，崇尚人类本真的力量，关注人类未来的前途和命运，并在政治层面实现了民主和自由。虽然中世纪黑暗的政治影响了古希腊奴隶制的民主政治色彩，影响了个人自由和权利的独立性，泯灭了人的精神，但是解放人性之后的文艺复兴运动，不仅重现了人本精神，还给予了一定的时代含义，这一时期重视以人为本，将"人权"视作反对封建的"神道""神权"，从而更为突出了人性的解放。18世纪的启蒙运动，从关注人本身发展到关注人的社会性地位和权利。崇尚个人的"自由"，尤其是一个人作为社会人的自由，创立了尊重人权的理论，重视个人权利的合理化。同时，也产生了社会契约、人民主权、博爱、平等的政治概念，这些精神也是人本精神的衍生物，随着社会实践的开展而不断进行着，并被改造着，并成为西方社会的主色调。

第三节 中西文化基本精神之比较

虽然大部分文化的内容要素和基本结构是相同或者是类似的，但是每一个较为完善的文化系统都具有不同的中心点和侧重点。不同文化要素在不同文化系统中的位置和产生的影响是不同的，它们围绕着一个中心点，相互进行影响。我们所说的文化精神就是文化学者在描述价值系统中一般模式的具体内容，它将这一系统内部的具体价值体系简化为一个影响价值体系的内容，并介绍了审美、法律、道德、经济之间的关系。这些文化组成部分的特征，使得它们在文化系统的整体性活动中，已经接受了文化的基本内容，也就是对文化精神的重新选择。每一种文化都可以看作一个独立的个体，在思想和行为上总有一定的一致性。在一种文化内部，总是会有一些特有的，不足为其他类型社会所称道的目的。在管理这些目的的过程之中，每一个民族的文化都在不断深入着，并且和内部的驱动力相适应，和整体相异的行动会逐渐趋同。当那些最不一致的行为被文化接受之后，它们就通过最不可能的变化方式代表了这一文化的具体目标，我们只有先了解这一社会的主要动机，才能够从根本上了解这些行为背后的形式。基于相同的认识，我们在学习并掌握了中西文化的背景和社会结构差异后，可以深入探讨中西方民族的文化精神，并通过两种文化独立的核心价值，追寻独立的特性，从而表现出不同的特点。

所有的文化都需要从深远的历史渊源中发展而来，所有的文化类型和模式的产生都需要一定的历史积淀。所有的文化都可能在历史演变的过程中，发生较大的改变，甚至展现出不同的面貌，但是基本的特性可得到保留。

一、人文传统与科学精神

我们可以将中国文化和西方文化的核心总结为人文传统和科学精神，但是这两者并不是对立的关系。相反，在西方文化传统中，人道主义也曾经是一个十分重要的组成部分。然而，我们在这里所提出的中国的人文传统与西方文艺复兴以来所提倡的人文主义及启蒙主义的人道精神并不是一回事。在中世纪反抗神权的过程中，西方的人道主义精神开始兴起，它的重要意义是将处于神权统治下的人权地位提升至中心地位，强调人性的重要性，重视人的主权地位。西方人道主义的一个重要内容就是定义了人在自然界中的地位，人是宇宙孕育的精华，从而为人征服和统治自然提供了动力。同时也为西方建立以认识和利用自然为原则的科学体系提供了基础动力，但是这种以人类为中心的启蒙心态在20世纪的阶段遭到了挑战，因为人类遭到了自然界的报复。而中国文化所强调的人文传统，则是将中国传统文化的核心建立在社会的存在上，人文传统不讲求宗教和神灵的寄托，也不追求自然的知识体系，而是重视完善人和社会、道德理念的关系。中国文化的这一趋势在轴心时代已经出现，中国传统文化以儒家思想为代表，开始从关注"神"转向关注人类本身，并专注于讨论人和自然、人际关系、人类的社会活动等，并以社会活动为基础，创造了一套和西方科学文化差异较大的伦理文化。因此，哈佛大学杜维明教授提出区分两种人文精神，这也是我们立论的前提。

（一）中国文化的人文传统与道德价值

杜维明教授提出儒家人文精华能够代表中国人文传统，主要体现在以下四个原因。第一个原因是个人层面的问题，也就是人的主体性问题；第二个方面是群体性的问题，群体就是从国家和家庭层面的不同领域；第三个方面是自然的问题；第四个方面是天道的相关问题。[1]

从我们的角度看来，中国文化的人文传统主要源于中国文化，和世界其他文化相比，更早地脱离了"神"的影响。人类精神文化的开端是宗教等形式，这也是当今学者所具有的共识，而宗教的基本内容是对超自然现象的崇拜，从而减轻人们在精神上的痛苦。中国从古代就开始了"重民轻神"的思想。据《礼记》载："周人尊礼尚施，事鬼神而远之，近人而忠焉。"周王朝的统治思想是"敬王保民""天视自我民视，天听自我民听"。《左传》中亦有多处记载了当时人们对"神"的怀疑与轻视，如虢国的史嚚说："国将兴，听于民；将亡，听于神。神聪明正直而壹者也，依人而行。"

而作为中国传统文化奠基的儒家思想，也是以非宗教的形式而存在的。《孝经》中曾引孔子的话说："天地之性人为贵。"《论语》则将记载的重点放在了对于神灵的漠视，如"子不语乱、力、怪、神""未知生，焉知死""未能事人，焉能

---

[1] 杜维明. 现代精神与儒家传统 [M]. 北京：生活·读书·新知三联书店，1997：68.

事鬼""务民之义，敬鬼神而远之，可谓知矣"，等等。儒家的鬼神观深刻影响着中国文化以人为中心的理念，而中国原始文化中的神话，也大量散失了，成为演绎的故事。

作为中国文化另外一个主流的道家，也将人作为理论的中心。道家从自然主义哲学观点出发，主张对人性和现实的超越，但是它指引的方向，并不是依靠神的力量，而是向往自然的自由。因此，它将人和天、地、道相结合，并立为宇宙之间的"四大"。"真人"最高境界的实现并不仅仅依靠神灵的作用，而是通过"心斋""坐忘"的作用，达到"乘天地之正，驭六气之辩而游于无穷"的自由之路。同样，将道家哲学作为理论基础的道家，也存在一定的人伦化和世俗化色彩，比如五戒十善、肉体成仙、养生延年的规训。甚至从印度而来的佛教，也为了在中国发展下去，改变了其"出世"的状态，实现了和中国人文精神相结合的状态。比如"顿悟成佛""佛向性中作，莫向身外求"等观念，正是对这一精神的表现。可见，正是人们忽视了神灵的作用，才在中国文化中发展了对人本身的关怀，导致了中国古代文化中君重神轻、民重神轻观念的产生。

在摆脱了神灵的影响之后，我们可以用什么来维护人们的信念，从而达到社会稳定的效果呢？这就从根本上出现了以礼乐教化为中心的规范，也体现出了中国文化精神的深层次内涵。作为一种伦理性的文化内容，中国文化的道德色彩在持续的发展过程中。不管是家族中长幼的礼节，还是国家管理的秩序，从个人的完善到对统治者的要求，都将个人的道德自觉作为重要的前提内容，并将立德作为最高的境界。其中最能够体现出人本精神的，就是孔孟代表的儒家思想。

我们可以在此探讨"仁"的精神内涵。孔子说："仁者，人也。"显然是将"仁"作为根本。他也对"仁"的内涵进行了进一步的解释："爱人""泛爱众而亲仁""己所不欲，勿施于人""克己复礼"，以及"恭、宽、信、敏、惠、孝悌"等道德规范。这一思想到孟子时代发展为"民为贵，社稷次之，君为轻"的民本思想，"保民而王"的仁政学说，"老吾老以及人之老，幼吾幼以及人之幼"的推恩，以及仁义礼智，"父子有亲，君臣有义，夫妇有别，长幼有序，朋友有信"的道德信条。[①] 这些内容不仅肯定了人自身的内涵，也明确了一套处理人际关系的原则。这些思想受到后世儒家学者的提倡，并对中国传统文化产生了较大的影响。从曹操诗中

---

① 杨伯峻．孟子译注 [M]．北京：中华书局，2018：215．

写的"天地间，人为贵"，到唐太宗论政时发出的"载舟覆舟，所宜深慎"的感悟和"为君之道必须先存百姓"的阐述，可谓这一精神的积极体现。

儒家"仁"的相关理论为：重视个体的人格修养，并将这一修养内容作为行仁义法的先行条件，这和"修己以安人"的内容不谋而合。《大学》中言"古之欲明明德于天下者先治其国，欲治其国者先齐其家，欲齐其家者先修其身，欲修其身者先正其心，欲正其心者先诚其意，欲诚其意者先致其知，致知在格物"。秉持着这一观念，可以形成我们所说的"德治"，也就是将"修文德""行王道"作为根本内容的理想秩序。正如孔子言："道之以政，齐之以刑，民免而无耻。道之以德，齐之以礼，有耻且格。"① 这一思想后续又发展出了"贵义贱利""舍生取义""德本财末""谋道不谋食"等思想内容。从而使得"礼义廉耻"发展成为民族的精神支柱。我们可以这样说，中国文化人文传统中最基本的内容就是将道德作为中心和出发点。中国的传统文化中，唯一的平等观念也是以道德完善（尽人之性）为前提的，正所谓"圣人与我同类者""人皆可以为尧舜"。②

（二）以科学为中心的西方文化

和中国文化中的人文传统存在区别的是，西方文化中将科学精神置于主导的地位，中国人看重"仁"的作用，西方人看重"智"的作用。

依海而生的不稳定性为古希腊人带来一定的生存忧患，他们也在这种忧患中产生了将人和自然相对立的观念。这种观念不仅引发了他们对自然的崇拜，同时也让他们产生了征服自然的决心。要征服自然首先就要从根本上掌握大自然的规律，知识能够起到引领社会发展的作用，所以"智"成为大自然的根本取向。在人类智慧中产生的各种思维之中，古希腊人更加倾向于学习能够帮助人利用自然的知识。伊壁鸠鲁说："一个人没有自然科学的知识就不能享受无疵的快乐。"③

古埃及、古巴比伦和古印度文明的科学创新，为古希腊科学的发展奠定了坚实的基础。然而，古希腊的学者们将这些数学、医学、天文的知识加以总结和处理，构建了一个分类十分严格的科学学科体系，也为后来西方科学的发展奠定了基础。亚里士多德，被誉为"西方科学之父"，早在公元前四世纪，他就创作了《物

---

① 杨伯峻.论语译注[M].北京：中华书局，2018：114.
② 杨伯峻.孟子译注[M].北京：中华书局，2018：210.
③ 〔古希腊〕伊壁鸠鲁.自然与快乐[M].包利民，译.北京：中国社会科学出版社，2018：58.

理学》《天体学》《动物史》《气象学》《矿物学》等多部著作,而他对于西方理性思维和思辨精神的思考,对西方文化的发展奠定了重要的基础。

古希腊时期还出现了像泰勒斯及毕达哥拉斯学派的数学学术、泰奥弗拉斯的《植物史》、希波克拉底的医学理论。在接下来的古希腊阶段,又出现了欧几里得集大成的《几何学原理》、阿基米德的浮力定理,以及地理学、解剖学的发展。在古罗马时代,老普林尼于公元77年编纂了一部名为《自然史》的全面百科介绍,这本书成为当时自然史研究的里程碑。它是一部全面系统论述自然知识和历史发展规律的综合性著作,在世界文化史上具有重要地位。此书涵盖了广泛的学科领域,其中对自然科学领域论述的篇幅较大。这些内容不仅是西方文化科学精神的充分表现,也为西方科学研究奠定了一定的基础。从这个意义上说,《自然史》是一部伟大的著作。唯有在此基础上,方能筑起现代科技的壮丽大厦。

西方文化的科学精神,体现在三个方面:以理性为基础的精神、以客观态度为导向的态度,以及对真理探索的执着追求。

我们视理性精神为西方文化精神的中枢,即所谓的"阿波罗精神"。理性精神是一种具有普遍性特征的人类精神。这一精神能够表现出人类对自然世界的了解,并在社会各个领域建立起了不同形式的逻辑和证明法则,并说明了科学和学术圈对具体概念的内容偏好,对真理的虔诚信仰,以及规定日常行为方式中的工具合理化。

美国学者拉尔夫和伯恩斯在《世界文明史》中写道:"希腊人的文化是第一次被放在以知识为首位的基础上,被放在视自由探索精神为至高无上的基础上。他们没有什么不敢去探究的题目,他们认为没有应排斥在理性领域之外的任何问题。思想凌驾于信仰之上,逻辑和科学凌驾于迷信之上,达到了一个前所未闻的程度。"[1]一般认为西方文化支柱有三个,即科学、法律和宗教,从此三方面我们都不难看到理性精神对西方文化的深远影响。从古希腊的科学体系、民主政体和古罗马的法律,到近代欧美的经济运行模式都是在上述理论原则的指导下建立起来的,这一点恐怕是无人怀疑的。

那么宗教呢?按通常的认识,它无疑应当是一种反理性的痴迷,无可否认的

---

[1] 〔美〕菲利普·李·拉尔夫,爱德华·伯恩斯.世界文明史[M].罗经国,译.北京:商务印书馆,1987:935.

事实是，欧洲中世纪的宗教禁锢确曾对科学与文化进步产生过阻碍的影响，并且还发生过类似于扼杀科学成果、迫害科学家的历史悲剧。即便是到了现代，达尔文的进化论仍在受着教会的攻击。然而，理性科学在不同时期都在深刻影响着西方宗教的文化。这种渗透使人类的宗教信仰发生了很大变化。基督教在不断追求真理，认为人类的行为在很大程度上受到客观规律的制约，因此建立了一个系统的神学理论，该理论不会从根本上影响宗教理论的根基，也不会排斥对自然科学的研究。因此，许多著名的西方科学家和思想家，如海森堡、牛顿、斯宾诺莎、帕斯卡尔等，都是宗教的信徒。在路德和加尔文的宗教改革之后，基督教中的理性主义进一步得到加强，以致韦伯把新教的伦理精神归结为入世禁欲主义，即人们以其天职为任务，合理而有系统地去追求利润的态度，我们可以认为这即是资本主义精神的起源。

到今天，许多西方的宗教信仰者，也已不寄希望于拯救众生的上帝，他们或者将它作为一种道德价值或是情感的寄托，或是皈依在宗教气氛中变成神圣化的理想和信念。诚如爱因斯坦所说："那些我们认为在科学上有伟大创造成就的人，全部浸透着真正的宗教观念，他们相信我们这个宇宙是完美的，并且能够使追求知识的理性努力有所感受。如果这种信念不是一种具有强烈感情的信念，如果那些寻求知识的人未曾受过斯宾诺莎对神的理智的爱的激动，那么，他们就很难会有那种不屈不挠的献身精神。"爱因斯坦还说："真正的宗教已被科学知识提高了境界而且意义也更加深远了。"① 从西方文化的角度来看，宗教信仰和科学精神之间并不存在一种不可调和的矛盾。

科学精神所体现的是一种客观态度，这种态度在对待事物时表现得十分明显。西方文化崇尚理性、追求完美、重视推理和论证。为了实现对自然的掌控，西方人在实践中十分重视结合客观世界的规律，这在科学研究中体现为注重实验和实证的重要性。除了运用逻辑推导和抽象思辨的技巧之外，他们同样重视观察和经验的重要性。如达·芬奇说："经验是一切可靠知识的母亲，那些不是从经验里产生，也不经经验鉴定的学问，那些无论在开头、中间或末尾都不通过任何感官的学问，是虚妄无实、充满错误的。"② 这种观点在近代实证哲学和实证科学的发展

---

① 〔美〕阿尔伯特·爱因斯坦. 我的世界观[M]. 方在庆, 译. 北京：中信出版社, 2018：64.
② 〔意〕达·芬奇. 达·芬奇笔记[M]. 杜莉, 译. 北京：金城出版社, 2011：26.

中被给予了充分肯定。这些学派认为在人的头脑中的一切概念性的东西，只有和外界的实物联系在一起时，才能成为真正的、可靠的、有价值的东西，因此强调任何科学假设和理论必须具有可检验性。而实践才是检验真理的唯一标准，这就带来了西方学术重实践、重实用的科学传统。

一部分科学家和思想家如孔德、马赫等，甚至把实证的方法与形而上的思辨对立起来，认为只有实证知识才能成功地运用到人类生活的各种领域中去。西方文化中客观精神在文学艺术上的表现更是重写实、求逼真的模仿，再现型的审美观长期处于主流地位，而对西方人行为的影响则是重效用、重实利的生活方式。这种客观原则至上的评判标准，当然是不同于中国文化以道德和情感为标准的判断。

科学精神所蕴含的是一颗不断追求科学真理的恒心，它不会盲目跟随系统的要求，也不会盲目崇拜权威，不会止步于目前已经取得的成果和结论，总之，它善于使用怀疑的态度审视过去的观念，甚至对自己的能力产生怀疑。法国哲学家蒙田就曾经发出过"我知道什么"的著名质疑。对于此，法国学者保尔·阿萨尔曾在《欧洲意识危机》中精辟地总结道："什么是欧洲意识？欧洲意识是一种永不满足的思想。它不怜悯自己，它无休止地寻求两种东西：一是幸福，另一个对它来说非常必要、非常宝贵，这就是真理。"[1]

把真理看作一个不断认知的过程，强调真理的相对性而不承认终极真理，可以说是近代科学给西方人灌输的新观念。从哥白尼的日心说到牛顿的万有引力力学，再到今天的量子力学和爱因斯坦相对论，西方近代科学的发展历程是这一论断的有力佐证。

二、群体认同与个人本位

在民族精神方面，中西方文化对于民族精神的看法拥有不同的观念，尽管人的核心地位一直在文化价值系统中得到强调，但中西方对于人类的理解却截然相反。在西方文化中，人被视为一个独立的个体，拥有较强的理智、尊严和自由意志，需要对自己的命运负责。在中国文化中，人被划分到了一个类型之中，其社会价值备受重视，个人被视为群体的一部分，其价值源于群体，并在群体的活动

---

[1] 李淑梅，宋扬，宋建军. 中西文化比较 [M]. 苏州：苏州大学出版社，2016：79.

中才能够体现出来。只有个人将自己的命运和利益与所在的群体相结合，方能彰显其内在的价值。这两种截然不同的视角所呈现的人论，揭示了中西文化在人格理想和社会政治结构方面存在的差异。

（一）义务本位的群体原则

中国人的社会结构形式以家庭为基础单元，因此中国人的社会存在首先要依靠以血缘关系而形成的家庭和宗族团体。中国人在这些亲属团体之中，得到了较为稳定、安全的发展地位，于是这一结构也对他造成了一定的限制。他在这团体中能够满足自己的一切社会需求，并履行各种必不可少的社会义务。他秉持着内部和外部存在区别的想法，去理解和处理团体外部和内部的不同事务。许烺光教授所强调的是中国人以情境为中心的处事方式。在这样一种心态支配下的行为模式上，人们内心产生的依附性较强，即在他人身上看到什么就会模仿什么，而在自我方面则表现出一种依赖性。因此，建立人与人之间的关系纽带是中国文化核心价值观的重中之重，而"仁"作为其中的核心价值观，正是以此为中心。

在《说文》中，对于"仁"这一概念的阐释是"亲也，从人从二"，这表明在人与人之间的社会关系中形成了"仁"的相关内容，而这一准则需要将家族团队作为基本的起点。"亲亲为大""仁之实，事亲是也""亲亲而仁民"，而"修身、齐家"则是实现治国平天下的重要基础。在家庭内部，家庭成员之间的关系是通过血缘纽带维系着的，血缘纽带能够帮助人们形成一定的亲疏关系。在此情形下，人与人之间的根本联系是相互依存的，而这种依存的可靠性则取决于血缘关系的亲疏程度。这种行为模式所带来的后果是，裙带政治风气中"母以子贵""夫荣妻贵""一人得道，鸡犬升天"的价值观一直影响着社会风气。相反，若有一人被定罪，其后果将波及全家，甚至可能导致九族被牵连。当这种关联被广泛推广时，便引发了乡党的相关理念。孔子将第二等"士"的标准界定为："宗族称孝焉，乡党称悌焉。"在这里，我们可以看到他对于家族伦理的推崇。可以明显看出，他十分重视以地域为基础形成的人际关系。"与乡人处，由然不忍去也"[①] 在与乡亲相处的过程中，人们不仅相互照应、提携，还建立了许多以地域范围划分的团体组织，将中国人的群体凝聚意识和依附关系从纯粹的血缘延伸到了地域纽

---

① 杨伯峻. 论语译注[M]. 北京：中华书局，2018：248.

带。在这种情况下,血缘因素往往就成为社会整合中最基本的力量。在建立其他社会关系时,中国人也十分重视其他种类的血缘关系。当朋友之间的友谊较为深入之后,他们可以相互视为兄弟,甚至可以进行叩头八拜、互序谱系的仪式,然后焚香告祖考,这类行为被称为"义结金兰",关系之紧密堪比亲生兄弟。在师徒和同师学艺的学习者之间,存在着一种类似于家族关系的称谓,有师父、师叔、师弟等称呼。总的来说,在人际关系网络中,属于亲近的关系,通常被称为"自家人",而不够亲近的则被称为"外人"。

在中国传统的群体认同原则中,每个人都必须严格遵守并适应其在家庭和社会结构中起到的作用,不得越界。因此,社会中的每个人必须自觉地遵守"礼"的规范,以确保自己的行为符合社会的道德标准。总的来说,在处理人际关系时,必须按照长幼尊卑的排序进行,以确定应该以何种态度对待他人,同时还需要遵守一定的礼仪和制度。在这样的礼制秩序下,我们自然无从谈起个人独立的个体自由。

因此,中国文化对个人赋予的主要是义务和责任。这一点,我们从古人成年时所行的冠礼中可见一斑。《礼记·冠义》中载:"冠者,礼之始也,嘉事之重者也。是故古者重冠;重冠故行之于庙;行之于庙者,所以尊重事;尊重事而不敢擅重事;不敢擅重事,所以自卑而尊先祖也。"[1]冠礼一般是在宗庙中举行,以示"自卑而尊先祖"。加冠时需站在堂前东面的台阶上,以示传宗接代。始加缁布冠,而后可以治人;再加皮弁服,而后可以保社稷;三加爵弁服,而后可以事宗庙。然后还需向国君和乡大夫送礼晋见。一个人成年之后就说明他正式进入了复杂的社会网络之中,并承担起了一定的社会身份和地位。因此,他被迫抑制个人的欲望,服从于家庭和整个社会群体的安排。从这个意义上讲,对于个体来说,其成长过程中就必须接受来自家族或组织等方面的约束,从而形成一种自我调节机制。当涉及处理人际关系时,这种思想所体现出的是一种自我控制的行为方式,即"贬低自我而尊敬他人",这正是孔子所倡导的"忠恕""恭俭"的处世哲学,也就是孟子所说的"辞让之心,礼之端也"。这一行为准则的核心目标在于协调社会成员的关系,从而在同一等级内实现财富的平均分配,以维护群体的和谐统一。由此可见,中国传统文化对人的价值有所忽略,以达到维护群体中既成秩序的自觉。

---

[1] 胡平生,张萌,译注.礼记[M].北京:中华书局,2020:1058.

因此，在对人进行管理时，必须以人为中心；在处理个人与集体之间的关系时，必须以集体的利益为重，以实现整个人类的共同利益为本。人类的存在意义在于为家庭、他人和社会提供支持和帮助，而非仅仅为了自身的存在。

古代的冠礼中也蕴含了一定的意义，中国人的群体本位原则不仅需要人们认同所处的宗族集团，更强调人们对社稷的忠心。然而，这种效忠的起点并非为了人类社会的共同利益，也不是为了区分社会、国家和民族所应该承担的责任，而是应该明确臣子对君主的人身依附，从而明确前述的忠孝观念。在中国，社会公理和公德已经演变为一种为家族和君王服务的情理私德，这是人类群体关系中不可或缺的一部分。在这种情况下，普通人无法享有应得的个人公民权利。若欲改变自身的生存境遇或获得完全意义上的个人自由，应该不断提升自己的社会阶层，因此"学而优则仕"成为中国人，特别是社会地位低下的学习者的终极目标。然而，他们自觉地将自己的个人命运与封建君主专制紧紧地联系在了一起，形成了一种不可分割的紧密关系。因此，尽管古代科举制度中的官绅转变影响了固化的封建社会等级制度，但其实质仍然是一种奴性的培养，无法动摇宗法制度的根本。

毋庸置疑，在中华民族漫长的历史发展过程中，也曾涌现出"先天下之忧，后天下之乐"这一以民为本的思想，同时也涌现出一些勇于抗争的知识分子。这些都是与他们所代表的特定社会阶层或阶级的利益密切相关的。群体认同精神在中国文化中能够不断调节人与人之间的关系，维持社会的稳定状态。

然而，以家庭为中心的群体原则却从根本上限制了中国人的个体价值和个人创造力的提升，并维持着传统秩序的长期发展。

（二）个人主义的自由与权利

不同于中国长期维持的以自然经济为主的农业社会，西方国家早在古希腊时期就形成了农业、手工业、商业并重的产业经济结构，商品经济和社会分工也得到了完善。随着商业阶层地位的提升，以平等交换为基础的商业原则，促成了古希腊人民个人思想的成熟，从而产生了将个体置于本位的文化精神。

在群体与个体的互动关系中，西方文化十分认可个体的存在价值，将其视为人类社会构成的根基。古希腊智者普罗泰戈拉曾说："人是世间万物的尺度，是一切存在的事物所以存在，一切非存在的事物所以非存在的尺度。"[1] 他所述之人并

---

[1] 〔美〕夏帕.普罗塔戈拉与逻各斯[M].卓新贤，译.吉林：吉林出版集团，2014：41.

非泛指全人类，而是包括了每一个具体的人，因为宙斯派的赫尔墨斯将尊重和正义分配给了所有个体。在这个意义上说，人具有独立于其他任何主体之外的自主性，即自我决定权。因此，人们在决定各种关系时应该从自身出发，期望在实现自我价值的同时，通过理性思考来确定应该服从的规则。亚里士多德认为，一个人"善"的最高境界是实现自我的价值，也就是结合个人本性中最能真实地展现出的那一部分，从而能够将自我实现和理性生活结合在一起。伊壁鸠鲁学派坚信，每个人都应该享有追求快乐和享受幸福的权利，并认为"获得相对于别人而使自己得到安全的任何手段都是自然的善"①。总的来说，在古希腊黑暗时代之后的整个时期，人们十分倾向于肯定个人的自由和价值，肯定个人的独特性，倡导自由的精神，鼓励个人提升创造性，并将个人能够表现出的勇敢、力量和智慧作为人格上的价值表征。

出于这些理念，西方远古社会个人和家族的从属关系并不明显，他们已经不再遵循子从其父的传统。斯巴达在伯罗奔尼撒战役后，通过了财产的支配权属于自己的遗嘱法。在基督教文化统治时期，家族的权威地位逐渐被宗教义务所取代，这一趋势愈发明显。

这导致了人们对家族承担的责任转移到了对宗教力量的崇敬之上，从而形成了"上帝面前人人平等"的理念。在文艺复兴时期，西方人从被宗教教权的压迫中解救了出来，获得了个人的尊严和个人的价值，但丁高声宣称："人的高贵，就其许许多多的成果而言，超过了天使的高贵""并非家族使个人高贵，而是个人使家族高贵"。而且他还提出了"人为了自己的目的，而不是为了别人的目的而生存""自由的第一原则就是意志的自由"②的个人主义思想。

随着时间的推移，人文主义逐渐崛起，其核心在于个性的解放和人的主体性的形成，这一主义开始主导人文主义的思潮。在18世纪，启蒙运动的思想家们高举起了"天赋人权"的旗帜，这一思想在欧美等国流传。在20世纪西方思想领域占据主流的存在主义哲学中，每个人都对自己的本质有选择的自由，因此必须对自己的行为负责，这一理念将西方文化的个人主义发展到了极致。

---

① 〔古希腊〕伊壁鸠鲁.自然与快乐[M].包利民，译.北京：中国社会科学出版社，2018：107.
② 〔意〕但丁.神曲[M].黄文捷，译.南京：译林出版社，2021：214.

在此思想背景下，西方人的处世态度是以个人为基本，他们的生活不依赖于家庭，而是倾向于追求个人的独立。家庭和个人之间的纽带只是短暂性的，在社会或者是学校中参与的社团和俱乐部也是不稳定的。对于个体而言，世界上不存在任何一位完美的神或者是个人能够为其提供完全的帮助，成功是个人的幸福，而失败则成了自身沉重的负担。尽管我们将自己的幸福分享给其他的人，但我们不能让我们的家人和亲友分享我们的不快乐。因此，在欧美国家，许多成功人士的子女在成年后，也需要脱离原生家庭，走向自主独立。在中国的传统社会中，这几乎是一种难以想象的境况。

在伦理观上，个体本位文化精神体现出"合理利己主义"的特点，这一关系受到了西方社会的广泛认可，这一准则的本质在于，每个人都始终坚定地维护个人的利益，同时又不会对他人造成任何伤害。

然而，由于每个个体的情感和欲望并非互不干涉，假如每个人都为所欲为地按自己的意志行动，那么，一旦两个以上的人希望去占有同一个无法令他们共享的事物时，他们便有可能反目成仇，彼此争斗甚至互相摧毁，结果就是任何人都难以安全地得到自己的合理利益。为此，斯宾诺莎提出将个人的自然权利"收归公有"，由社会去制订的法律加以维护，以保持人们彼此间的信任，确保相互之间不做损害他人之事。而霍布斯主张将这种权利限制在一定的范围内，即"当他人也一样愿意时，一个人是应该愿意放弃运用一切物的权利的。至于他个人对于别人享有的自由，应当以他自己允许别人对于他自己所享有的自由的程度为满足"[①]。这正如中国文化中的"己所不欲，勿施于人"的原则一样。以后，费尔巴哈将这一源于孔子的思想进一步加以发挥，提出了协调自己追求幸福的"自私"和道德所要求的"无私"的道德理想。这是一种从利己出发的，然后推己及人地履行对其他人的义务。正所谓"善的、富于同情心的、合乎人情的利己主义"。萨特说："人在为自己作出选择时，也为所有的人作出选择。因为实际上，人为了把自己造成他愿意成为的那种人而可能采取的一切行动中，没有一个行动不是同时在创造一个他认为自己应当如此的人的形象。还有，在这样追求自由时，我们发现它完全离不开别人的自由，而别人的自由也离不开我们的自由。只要我承担

---

① 邓环.从双层功利主义到系统功利主义：基于协同学的当代道德哲学研究[M].广州：暨南大学出版社，2018：43.

责任，我就非得同时把别人的自由当作自己的自由追求不可。"①

从上述理论中，我们似乎能够看出，作为西方个人本位文化典型标志的利己主义道德原则，已逐步向利己兼利人的道德目标进行转变。这一点在孔德和斯宾塞提倡的所谓利他主义伦理观中表述得更加明确。孔德认为人的利己思想虽是社会不可缺少的，但它可被理智所制约，控制自利的本能而产生利他的感情则是更为高尚的思想，因此，所谓道德就是使前者从属于后者。斯宾塞则指出："我们的行为除了要使每个人不得阻碍别人去达到目的，社会中分子还需互相帮助以求达此目的。"这似乎已经接近孔子所提出的"己欲立而立人，己欲达而达人"的目标了。但他却又认为正当的行为，应是利己利他相交融的快乐。由此可见，尽管利己主义原则在西方已发生了种种变化，但它以个人主义为其核心，仍是始终一贯的。西方人所说的"利他"与中国文化中要求不考虑甚至主动牺牲个人利益，以成就对他人和群体义务的奉献精神有着本质的不同。

在明确了每个个体的价值和权利之后，怎么能够保证每个人在维护自己利益的同时不伤害到其他人呢？这是一个需要认真思考的问题。如何才能利用集体的力量和智慧，从而达到群体性的目标呢？在此方面，西方人崇尚的是平等互利的契约关系，从而建立起社会团体和国家。在古希腊和古罗马时期，许多思想家提出了"社会契约"的理念，伊壁鸠鲁提出："自然的公正乃是引导人们避免彼此伤害和受害的互利的约定。"②

这一思想在文艺复兴之后的各个历史时期得到了广泛的推广和发扬，卢梭的《社会契约论》中也对这一思想进行了充分的解释。他把这种观念称之为"社会契约观"。卢梭认为，社会契约可以解决"要寻找出一种结合的形式，使它能以全部共同的力量来卫护和保障每个结合者的人身和财富，并且由于这一结合而使每一个与全体相联合的个人又只不过是在服从自己本人，并且仍然像以往一样的自由"③这一问题。也就是说，社会契约的目标就是要实现个人的独立、自主和平等，并在这一基础之上形成社会群体，保障个人的利益。一旦这种权利无法得到

---

① 〔法〕保罗·萨特.存在主义是一种人道主义[M].周煦良，译.上海：上海译文出版社，2012：67.
② 〔古希腊〕伊壁鸠鲁.自然与快乐[M].包利民，译.北京：中国社会科学出版社，2018：105.
③ 〔法〕卢梭.社会契约论[M].何兆武，译.北京：商务印书馆，2003：94.

充分保障，个人就可以不履行相应的义务。正如恩格斯所说："只有能够自由地支配自身、行动和财产，并且彼此处于平等地位的人们才能缔结契约。自从路德和加尔文的宗教改革以来，就牢固地确立了一个原则，即一个人只有在他把握意志的完全自由而行动时，他才能对自己的这些行为负完全的责任，而对于任何强迫人从事不道德行为的做法进行反抗，乃是道德上的义务。"[1]

从古希腊罗马的个人主义理念一直到现代西方资本主义的国家和社会原则，均以权利为中心的信仰为基石。美籍学者许烺光提出："契约原则的特点是它的功能性、实用性和可计算性，因为缔结者如果认为订立契约并不能使他得到在契约之外得不到的东西的话，他是不会加入这种契约关系的。"[2] 契约原则不仅满足了个体获得权力和力量的需要，同时也提供了一种有效的手段来控制自己与他人之间的关系，这无疑为个人本位精神在社会中的实现提供了一定的保证。契约原则能够帮助西方法律体系和民主政治体制的建立提供一定的基石。

在现代西方社会，法律甚至能够深入人们的家庭保护个人的权利，以至于夫妻、父母和子女之间都能够享有独立的隐私权，而且他们各自的个人财产也能够得到保护。在西方文化中，维护个体权益已经成为建立一切社会关系的根本所在，这一点毋庸置疑。

三、中庸和平与崇力尚争

由于个体本位与群体本位的出发点是不同的，导致中西文化在社会价值和民族性格方面存在较大的差异。中国人通常十分注重事情的节制，寻求中庸之道，而西方则追求竞争、功利的最大化，希望能够获得更大的力量。这一差异不仅体现在中西方民族的思维模式上，也体现在中西方艺术的不同风格上，从而丰富了人类文明画廊的景观。

（一）中国精神的"中"与"和"

中国文化以群体价值目标为导向，强调协调人际关系的重要性，并将其置于首要位置。因此，在处理人际关系时必须以"和"为核心原则，即强调和谐、和

---

[1] 中共中央马克思恩格斯列宁斯大林著作编译局，编译. 马克思恩格斯选集[M]. 北京：人民出版社，1995：321.
[2] 〔美〕许烺光. 美国人与中国人[M]. 沈彩艺，译. 杭州：浙江人民出版社，2017：31.

睦，使人们的关系处于一种和谐的状态。所谓"礼之用，和为贵"。为了实现"和"的目标，每个人都需要抑制自己内心的刚烈之气，将实现社会平衡的需求作为个人行为的准绳，以达到"自我约束"的目的。在处理人际关系时也是如此。在儒家思想中，所谓的"修身"一词，实则指的是一种内在的精神修养。由此衍生出了"中庸"和"中和"这两种类型的价值观和人格准则。

然而，"中庸"一词的具体内涵是什么呢？宋代理学家程颐云："不偏之谓中，不易之谓庸；中者天下之正道，庸者天下之定理。"[1]朱熹又做了进一步的解释："中者，不偏不倚，无过不及之名；庸，平常也。"[2]中庸所倡导的是一种以平为期，持守中正的人生态度。中庸所追求的核心理念在于思想和行为的恰到好处，以及对常规的恪守。这是哲学家的一贯主张。对个体人格的要求在于谨慎庄重，克制个人欲望和情感，反对固执一端的偏执片面，以达到处世通达圆融的境界。"中庸"作为一种道德规范，它强调了事物发展变化过程中要遵循的客观规律。正所谓"君子慎其独也。喜怒哀乐之未发，谓之中；发而皆中节，谓之和"。这是指统治者应该有所节制，避免过于张扬。实现"中庸"和"中和"的调和，需要在统治者身上贯彻"隐恶而扬善，执其两端，用其中于民"的理念。以礼乐的教化方式引导百姓，使其不苟、不争、不怨、不乖、不越、不愉、不虢、不怠、不失职，从而达到知足常乐、和睦相处的状态。而在社会中的知识分子，应既不参与争斗，也不参与党派斗争。孔子所说的"温良恭俭让"并具备五德"惠而不费，劳而不怨，欲而不贪，泰而不骄，威而不猛"，方能"文质彬彬，然后君子"。

在早期儒家学说中，所谓的"中和"并不是随着社会大众的意愿随波逐流，而是重视"和而不同"的作用，即维持协调状态的同时，也应该保持不同学说之间的差异性，以达到相互依存的状态，达到"万物并育而不相害，道并行而不相悖"的至高境界。"知和而和，不以礼节之，亦不可行也"。[3]此论调无疑仍以建立"礼"的统治秩序为最高原则。因此，仍有学者把"中庸"看作追求恰如其分的道德行为的择善固执。

道家所倡导的中道观，与儒家中庸思想相呼应，强调的是一种柔弱、守雌、处下、不争、无为的哲学思想。道家创始人老子更提出了"不敢为天下先""知

---

[1] 卢连章.程颐评传[M].南京：南京大学出版社，2001：84.
[2] （宋）朱熹，郭齐，尹波.朱熹文集编年评注[M].福州：福建人民出版社，2019：125.
[3] 杨伯峻.论语译注[M].北京：中华书局，2018：246.

足者富""知其荣，守其辱"①等思想，所以老子在人生态度上，体现出了较为负面的情绪。

中国人的文化性格深受儒、道两家的长期影响，呈现出一种和平文弱的特质。一方面，汉族人民倾向于追求和平，不喜欢过度扩张和侵略，也不喜欢过度使用武力。在处理民族关系时，通常优先采用的是"修文德以来之"和"和抚四夷"等态度较为柔和的政策，其中"和亲""顺俗施化"等是较有代表性的表现。在解决民族冲突时，通常采用以维护国家安全为主要目标的缓和政策，或是先礼而后兵。所谓："能攻心则反侧自消，从古知兵非好战。"只要对方不相侵扰，即可不动刀兵。故中国历史上的对外战争大多是被迫抗击外族侵略的。当遇到强大异族侵占甚至入主中原时，大多也都采取退让妥协的战略。宋王朝与辽、金、西夏的关系，便是最典型的例证。虽然历朝历代都不乏挺身而出抗击侵略的民族英雄与爱国志士，但统治者及士大夫等上层集团，却常常满足于偏安一隅。因而，华夏民族最终战胜异族的方式往往是在忍受其漫长的统治中利用自己的文化相对优势去同化对方，像北朝及清朝那样。由此，才出现了融合众多民族的统一大国。

鉴于此，中国历朝历代重文轻武成了普遍风气，史载宋儒张载少喜谈兵论武，曾以书谒范仲淹，而范氏却警之曰："儒者自有名教可乐，何事于兵。"②于是，张载始弃武从文。同样在一般百姓心中所崇敬的也不是仅有超人力量、赫赫战功的一介武夫，或开疆拓土、以武力称雄天下的霸主，如成吉思汗、项羽、卫青、张飞等，而是能为万世开太平的帝王，以德服人风度翩翩的儒将，退避三舍的礼让贤能及忠贞不二的节义之士，如以礼乐治天下的周公、三分天下的诸葛亮、北海牧羊的苏武、过零丁洋的文天祥等人。

当中庸平和的精神落实到文学创作中，就形成了中国社会特有的中庸之美。它所呈现的是一种优雅而恬静的境界，具有一股平和的唯美气息，"乐而不淫，哀而不伤"的感情节制，以及含蓄婉曲简隽的艺术表达方式。中国古代艺术的精髓在于诗词，而儒家更是很早便提出了"温柔敦厚"的诗教说。《礼记·经解》中援引孔子的话说："其为人也，温柔敦厚而不愚，则深于《诗》者也。"③唐代孔

---

① 王弼.老子道德经注校释[M].北京：中华书局，2010：84.
② 刘义庆.世说新语[M].上海：上海古籍出版社，2013：96.
③ 杜泽逊.国学茶座总第26辑[M].济南：山东人民出版社，2020：53.

颖达解释道："温，谓颜色温润；柔，谓性情和柔。诗依违讽谏，不指切事情。"[1]这一美学标准始终影响着中国古代诗歌的艺术风格，无论是孔子所评述的《诗经》，抑或是达到诗歌艺术巅峰的唐宋诗词，无论是描述男女爱情的情歌，诸如《诗经》的"关关雎鸠"、曹丕的《燕歌行》，还是针砭时政的讽喻诗如杜甫的《北征》、白居易的《秦中吟》，再或者寄情自然田园诗如陶渊明《饮酒》、王维《山居秋暝》之类，甚至于被推为豪放诗人的李白、苏轼的大量作品中，都遵循着中和、节制的审美规范。

（二）西方价值的"利"与"力"

西方文化将个体的商业活动作为发展的基础，始终将"利"和"力"看作积极的力量，这一看法不断鼓励人们追求现实的进步，从而从平等的角度开展竞争，实现个人和社会的利益最大化。要在激烈的竞争中获胜，必须以实力为支撑，同时具备勇于冒险的精神，这是西方崇尚力量、好斗尚争的民族和文化精神的主要体现。

1. 功利主义的道德原则

正如之前所述，西方人通常将自我中心主义视为行为准则，他们希望追求最大程度的个人幸福，避免人生风险，追求个人的幸福。从古希腊伊壁鸠鲁的学说发展到近代的功利主义伦理观，这些理论都体现了功利的道德原则。边沁对这一道德原则作出解释："当我们对任何一种行为予以赞成或不赞成的时候，我们是看该行为是增多还是减少当事者的幸福；换句话说就是看该行为增进或者违反当事者的幸福为准。"[2]在此理论中，他认为人的活动与利益之间存在着某种关系。另一位哲学家穆勒也说道："幸福就是人类行动的唯一目的，而促进幸福，便是用以判断人类一切行为的标准了。"[3]在遵循上述准则的基础上，西方文化倾向于将是否有效用作为判断的标准。这为商业社会提供了一套规范的竞争标准，以确保自由竞争的实现。

2. 强烈的竞争意识

由于确立了利己主义和功利主义的原则，商业社会经济活动存在一定的利益

---

[1] 赵山林. 大学生中国古典文学词典 [M]. 广州：广东教育出版社，2003：146.
[2] 〔英〕边沁. 道德与立法原理导论 [M]. 时殷弘，译. 北京：商务印书馆，2005：35.
[3] 〔英〕约翰·穆勒. 论自由 [M]. 孟凡礼，译. 上海：上海三联书店，2019：149.

冲突，商品价值正在不断浮动，亲族组织之间的联系不够强烈，这些因素都使得西方陷入一个剧烈动荡的生存环境。只有通过不断的奋斗，人们才能够提升相应的生存条件，从而巩固或提升个人在社会中的地位。同样地，归属于一个团体或是宗族的居民，必须在所在的团体中不断参与竞争。在竞争激烈的环境中，那些未能获胜的人，可能会在短时间内遭受到巨大的毁灭，甚至自身也会失去生存的尊严，成为没有地位的奴隶。欧洲人的竞争意识不断得到培养；他们在残酷的战争和残酷的商品货币斗争中感受着生存与发展的危机。近代资本主义生产关系的兴起，进一步激发了人们对于危机和竞争机制的深刻认识，同时这种认识也发展到了一个登峰造极的水平。在许多情况下，这种竞争的残酷程度可能导致其从平等和平的交易中的利益冲突逐渐恶化为真刀真枪的斗争，并从城邦和民族间的斗争，转变为宗教的战役和商业的战役。如此杀伐不断的结果就是，在与中国版图相差无几的欧洲大陆上，竟林立着数以百计的封建公侯诸国，直至今日，仍保存着数十个大小不等的国家，而这些国家的边界至今还在不断地被重新划定。

西方人的竞争观念已经从单纯的商业竞争转变为一种勇猛尚武的冒险精神，这种精神在战争的杀伐与征服中得到了充分体现。在这一过程中，西方民族性格也发生了重大变化，欧洲的骑士精神和决斗习惯，无不彰显着好战善斗的民族气质。这种重视荣誉胜于珍视生命的英雄主义情结，在古希腊、古罗马雕塑如《垂死的高卢人》《自杀的高卢人》中亦有十分鲜明的体现。这种尚武精神中所透露出的以强凌弱的征服欲，虽然给西方人带来令其骄傲的荣誉感，却也造成了欧洲各民族间长期的相互敌视与嫉恨。而这恰恰是以"协和万邦"为理想的中国文化所不欲为的。

3. 对力量的崇拜

相较于中国文化所倡导的以德服人的处世原则，西方人在面对个人利益冲突和民族战争冲突时，都奉行按照力量大小征服他人的策略，使得西方人在竞争活动中最为讲求实力的强弱。因此，西方文化中形成了一种传统，即对力量的崇敬和崇拜。在古希腊人的观念中，成为杰出之人的首要条件在于拥有超凡的勇气和力量，这是超越常人的能力。在古希腊神话中，众神和英雄之所以备受推崇，是因为他们拥有着高超的力量和智慧，虽然他们在品性和德行方面都或多或少存在着缺陷。宙斯，那位任性易怒的众神之王，以武力推翻了克罗诺斯，这位奥林匹斯的统治者，同时也是他自己的父亲，依靠手中的雷鞭与霹雳在诸神中树立起自己的统治权威。古希腊的大英雄赫拉克勒斯也是因神力的强大而获得不朽声誉的，当他还在摇篮里时便用双手掐死了天后赫拉派来害他的两条大蛇，成人后更是完成了十二项伟大的业绩，诸如杀猛狮和屠九头怪蛇，为了找到金苹果而替阿特拉斯承担起整个苍天，打败了巨人安秦、卡库斯和怪兽克尔柏罗斯等，凭借着自己的强悍与武力，终于战胜了天后，而成为天上众神中的一员。总的来说，西方人通常将英勇善战和具有强大的力量看作个人的美德，因此在西方各个国家的发展过程中，那些具有冒险精神、力量强大的君主会得到大家的尊敬，如希腊时期的亚历山大大帝、罗马帝国的凯撒大帝、近代法国的皇帝拿破仑，都因其英勇事迹而被载入史册。

在古希腊的平民生活中，人们也十分注重对力量的称赞，他们追求的是强壮、健康的身体，还需要具备一定的灵活性，因此他们十分注重对身体的锻炼。这种崇尚力量、注重体质的传统思想，影响着人们对体育运动的选择及参与程度。在古希腊的各个行政区内，均设有供人们进行身体锻炼的场所，而作为重要的教育内容——体育活动也在此展开。青年们不仅在角斗、掷标枪、射箭等战斗技巧的训练上下足了功夫，而且也学习了拳击、掷铁饼、赛车、跑跳等项目，从而人们的身体变得更加强健有力。斯巴达城实行着一套严格的训练制度，从7岁起，少年就被纳入队伍，女孩和男孩一起学习运动的项目，而成年男子在集体化的军营中进行了长期的学习和训练。除此之外，古希腊人还将这些体育活动视为宗教的仪式，这一做法也被用于举办古希腊四大运动会，四大运动会分别是奥林匹克、毕多、伊斯来和尼米阿。在这些运动会的各个项目中，获胜者不仅会受到公众的欢迎，公众还会给他立一座雕像，以供人们瞻仰。时至今日我们还能看到的著名的古希腊雕塑如《掷铁饼者》《刮汗污的运动员》等作品，便是这一风俗的产物。

总的来说，古希腊民族精神的主要特点在于，从过去的崇拜力量转变为崇拜具有力量的肉体。这一特点不仅体现在西方世界不同时期的历史之中，而且也从基础的体力方面的崇拜发展为对更高层次力量的崇拜，如对知识、智慧和技术的崇敬。

崇尚武力与争斗的精神在西方艺术中的反应是，以表现庄严的力量与强烈的激情为特色的艺术成为西方文艺的主流。从列西普斯的《赫拉克勒斯》、波留克莱妥斯的《荷矛的战士》到米开朗基罗的《大卫》，我们都能看到，从古希腊到文艺复兴，表情肃穆严峻、体魄雄健、肌肉发达的神祇与勇士一直是西方雕塑的主要表现。西方艺术史上的经典作品都描绘了人类与命运的搏斗过程，表达了让人折服的阳刚之美，从而创造出与中国艺术截然不同的艺术情境。

需要说明的是，在西方文化的发展过程中，也曾产生过类似求中庸、重节制的文化思潮。早在古希腊时期，亚里士多德就提出了反对过犹不及的中庸观念，并将它运用到伦理和政治学说中。此外，古希腊的犬儒学派及斯多葛派也都把克己自制、自足、忍耐作为美德而加以宣扬。斯多葛派还强调了公民的社会义务，并提出了平均主义、和平主义、博爱主义的思想，这些思想显然与中国传统文化价值观是十分接近的。然而，由于这些思想原则与西方人在特定自然和社会环境中铸就的民族性格南辕北辙，因而为中世纪后的近代西方文化所摒弃，很难成为西方文化的主导精神。

第三章 谈判礼仪、谈判用语及谈判策略

国际商务谈判中的谈判礼仪、谈判用语与谈判策略是在进行谈判之前双方都要进行了解的内容,本章即对国际商务谈判礼仪、国际商务谈判语言与非语言沟通、国际商务谈判障碍及策略进行研究。

第一节 国际商务谈判礼仪

一、主座方礼仪

主座谈判,也叫"主场谈判",指在主办方企业的总部进行的讨论协商;而客座谈判,也叫"客场谈判",则是在客方的总部进行的洽谈。主座方指的是东道主企业,客座方指的是东道主的谈判对象。

(一)接待礼仪

作为主座方,在谈判的过程中需周到地准备各项事宜,包括接待、宴请、场所的布置和座位分配等,务必要根据客方的需要做出调整,从而获得他们的认可和支持。

1. 成立接待小组

在接待的团队里必须包括负责交通、通信以及医务等多个部门的工作人员,同时如涉外谈判还要有一个翻译随行。这些人员的配备不仅仅是为了更好地安排谈判各环节,也是为了应对各种场合可能发生的状况。

2. 了解客方基本情况,收集有关信息

作为东道主,必须在安排各类事项之前,了解对方谈判团队中各成员的姓名、

性别、职务、级别及一行人数，以此作为确定接待规格和食宿安排的依据。

3. 拟订接待方案

根据客方的意图和主方的实际情况，制订接待计划和日程安排表是非常重要的。这样可以确保双方在会面和活动中有一个明确的时间安排和行程安排。日程安排表应该详细列出每个活动的时间、地点和内容，以便双方都能清楚地了解。为了确保准确性和顺利沟通，日程安排表应该传真给客方，征询他们的意见和建议。只有在客方确认无异议后，才能打印出最终的日程安排表。如果涉及涉外谈判，尤其需要将日程安排翻译成对方的语言，以便双方能够顺畅地交流和理解。这样可以避免因语言障碍而导致的误解或不便。在客方抵达后，日程安排表应由客方副领队分发给相关人员，以确保每个人都了解自己的行程安排。此外，也可以将日程安排表放在客房成员住房的桌上，方便他们随时查看和参考。

（二）主方谈判迎送礼仪

迎接是谈判的重要礼节，它是谈判开局的序幕。无论双方利益对抗剧烈还是相对协调，周到的迎接都能为谈判提供适当的氛围和情感基础，为谈判的成功打下良好基础。通过热情周到的迎接，双方可以建立起互信和合作的氛围，化解潜在的矛盾，促成谈判的顺利进行。然而，如果迎接不得当，可能会导致双方情绪对立，谈判氛围紧张，甚至使谈判破裂。不热情或不恰当的迎接可能会给对方留下不好的印象，破坏双方的互信和合作意愿。因此，迎接的重要性不容忽视，应确保始终保持良好的态度和礼仪，以下是具体的实施方法。

1. 确定迎送规格

迎送规格应该根据谈判人员的身份和目的来决定。在考虑双方关系和惯例的基础上，迎送人的身份通常应与来者相当，以保持对口、对等的态势。如果主要迎送人无法出面，可以由职位相当的人士或副职代替，并向对方作出解释。在迎送人员的选择上，应避免过多的人参与。过多的人员可能会给对方造成压力或不适，因此应尽量精简迎送团队，以保持专业和高效的形象。在某些情况下，为了发展双方关系或满足其他特殊需要，可以进行破格接待。然而，一般情况下，应按照常规办理，除非有特殊需要。

2. 掌握抵达和离开的时间

为确保迎接和送行的顺利进行，必须准确了解对方谈判人员乘坐交通工具的抵达和离开时间，并及时通知相关单位和迎送人员。在迎接时，应提前等候，确保能够及时迎接来客。而在送行时，应在客人乘坐交通工具到达前到达，以确保能够送行并不耽误迎送人员的时间。同时，如果有任何时间变化，必须及时告知相关人员，以便做出相应的调整。

3. 乘车与住宿安排

要安排好来宾的乘车住宿问题。在来宾尚未启程前应与来宾联系是否需要代其预订酒店住宿，要根据来宾及送迎人员的数量以及行李的数量安排车辆。如果来宾的人数较多，应提前与酒店联系，做好房间钥匙卡、行李等相关事项的衔接协调工作，事先排定乘车顺序及酒店住房号，并做成表格，提前告知相关人员，以保障接送的顺畅进行，这样既能节约时间，也能方便宾客间的相互联系。

4. 介绍与陪车

一般来说，会根据接待人员或是工作人员的安排，先把负责迎接的人向贵宾进行介绍，因为初次见面时会略显生疏，因此主人应积极跟对方攀谈。主人右边的座位留给贵客，若有翻译人员，则将其安排至司机旁边。上车的时候，让客人从右侧上车，主人从左侧上车以避免干扰。

5. 设宴招待

依据中国传统礼仪，在款待宾客时需为其"洗尘"。这般做法的目的主要在于增进双方的了解，既要隆重又不要过分奢华。宴会地点最好不在客人下榻之处，因为客人自己大多数时间会在此就餐。

确定了宴会的场所后，应立即通知客人并为他们准备接送服务。在进餐之前可以在接待室里稍微聊聊天，沏茶来款待贵宾，随后再一起进入餐厅就座。

有宴会就会有许多敬酒仪式。在敬酒时，最好采用简洁明了的祝福语，比如说些热烈欢迎、赞扬双方友情以及该国的光辉历程或辉煌成绩之类的句子。在宴会上致欢迎辞时，建议事先准备好简短的演说稿而不是随意发挥，因为过长的话语有可能被误解。虽然长篇大论可以体现主人的博学，但是考虑到语言和文化的差异，还是应当避免过于冗长的演讲。交谈时需善待同席的每位贵客，不可因一时疏忽而有所忽略。建议多讲述能扩展相互之间的认知，且使另一方对自己的关注度提高的话题。应尽量避开与工作相关的话题和涉及政治的议题，同时记得在餐毕后打印好日后行程发送给客人。

6. 其他

为了迎接和送别身份高的客人，应预先在接待地点布置贵宾休息室并准备好饮品，还应专门指定人员来协助办理客人的出入境手续以及机票、行李托运等事宜；同时积极帮助将客人的行囊快速送至住宿处，好让他们能够迅速换装。通常到达住宿地点之后，不应该立即安排行程，至少需要给他们一些洗澡换衣服的时间，因而只谈论明日的计划是非常合适的；在同时接待多个客人的情况下，一定要将组织工作的标准保持高度一致，避免出现任何混乱与疏漏，并且活动的种类和顺序都不能相同或相互矛盾。

（三）谈判场所的布置与座次安排

谈判室的环境布置与座次安排都应体现礼仪的规范和对客方的尊重。座次安排更是敏感问题，应小心谨慎处理。

1. 谈判室的选择与布置

可以考虑选用公司内的洽谈室、会议室或会客厅作为谈判的场所。最好准备两到三个房间，其中一个是主谈厅，另外两个作为单独谈话的场所。另外还可以提供一个休息室。

2. 谈判桌摆放及座次安排

（1）长方形或椭圆形

在双边的谈判中通常会选择长方形或者椭圆形的谈判桌（图 3-1-1），双方分别落座两边。如果将谈判桌横向摆放，那么面向门的方向就位于上位位置，属于客人一方；而背对门的位置则为主人一方。如果谈判桌竖放，根据入口的方位，右边的位置为上，属于客人一方，左边位置为下，属于主人一方。双方主要谈话人在他们各自一边的中间坐下，并在左右两边依序排列其他职员，按职位高低从最近到最远的顺序坐下。为明确座位位置可挂上名牌。

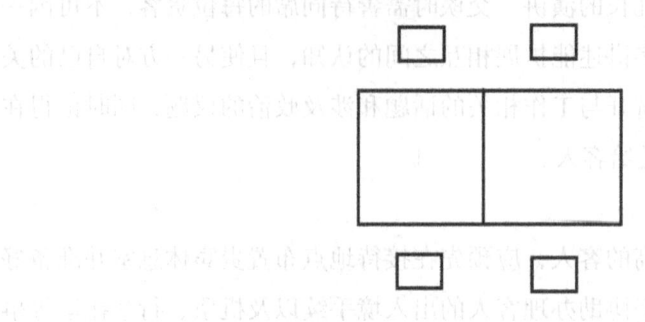

图 3-1-1　长方形谈判桌

（2）圆形

圆桌通常为多边谈判所使用，由于国际上广泛接受而被称为"圆桌会议"，在这种谈判中，各参与方以圆桌的方式相对坐着，彼此之间的上下等级差异也被弱化了。这种形式用在某些规格要求不太严谨或者有意淡化主客身份的国际商务谈判中，可能更有助于达成共识，如图 3-1-2 所示。

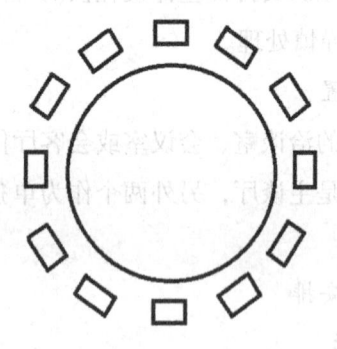

图 3-1-2　圆形谈判桌

（3）马蹄形

规模较小的会谈可选择不开会议室而就在会客室的长沙发上任由双方主要代表居中坐下，左边为主，右边为宾，翻译居于两人之后的位置，其他与会者左右散开坐在两张长沙发上，形成马蹄形状。这样双方交谈比较随和友好，但较正式的谈判不宜采用这种方式，如图 3-1-3 所示。

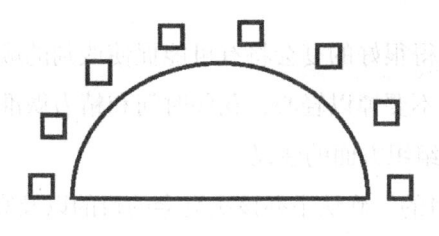

图 3-1-3　马蹄形谈判桌

（四）宴请

无论是在国际商务谈判之前、之中还是之后，宴请都是常见的交际活动形式。人们在餐桌上总是会放松自己从而变得更为友好。在这种情况下，谈判者更容易做出让步或答应更好的条件。采取何种宴请形式常根据活动目的、邀请对象及经费开支等各种因素决定。

1. 宴请的种类

以下是一些常见的宴会形式。

（1）正式宴会

当被邀请参加这种正式宴会时，着装一定要正式。这里的正式指的是男士穿西装、打领带，女士穿晚礼服。千万不要穿休闲装。除此之外，慎重挑选自己的座位。一般来说，座次会按照参与者的身份高低来排。菜肴包括汤和几道熟菜，分有冷盘、甜食、水果等。另外，不要自己倒酒，要等着别人来帮忙。

（2）便宴

便宴即非正式宴会，通常是在谈判之前进行。这类宴会形式简便，没有特别的规定或礼节，大家较为随便，气氛较为友好，非常适合彼此之间建立良好关系。这时可以随便挑选座位，对服饰也没有特别要求。不过，一些基本的礼仪还是要遵守的。另外要谨记，在这种场合里，酒精饮料通常是不受欢迎的。

（3）工作餐

工作餐一般是在谈判的过程中采用的就餐形式。大家可以利用进餐时间边吃边谈。各方谈判人员往往围坐在会议桌边，然后叫外卖。通常由主人负责点菜和付账。

2. 宴会组织工作

一次安排和组织得很好的宴会将有可能促使谈判的顺利进行。所以，在组织一场宴会的时候千万不要掉以轻心，花些时间和精力做准备，将会得到很好的回报。以下是一些宴会组织方面的建议。

（1）明确宴请目的。确认举办该次宴会的目的以及宴会的形式。

（2）确定邀请范围。确定要邀请哪些人以及多少人。还要考虑到对方的身份、国别、民族习惯、国际惯例以及双方之间的关系。

（3）确定宴请的时间。选择一个各方都合适的时间，最好能够事先征询主宾的意见，不要选择安排在对方的重大假日。

（4）确定宴请地点。选择宴请地点不是一件容易的事情，可以肯定的是，千万不要在他们居住的宾馆里招待他们。选择地点的时候要考虑到本方的预算、想要达到的目的以及将邀请的对象。记住不要询问对方想要在哪里就餐，只要准备两个地点、两个时间让对方选择即可。

（5）发出请柬。不要忘记发请柬给对方。这既是礼貌，对客人也起到提醒作用。在宴会的前一天，应再次打电话确认具体的时间和地点。

3. 宴请时必须注意的事项

（1）座次安排。根据国际惯例，离主人越近，地位就越高。一般来说，右边的座位相对尊贵一些。切忌安排客人坐在面对镜子或洗手间、厨房门的位置。

（2）当客人到达时，应该向对方表示自己也是刚到。在客人没有到齐之前不要点饮料。

（3）最好提早到餐馆收银台付账，若做不到，也应尽量避免当着客人的面结账。

（五）签字仪式

通常在签订合同的双方之间进行一个正式的签字仪式来达成对协商结果的认可和保证，这是一个将合约转化为法律约束的过程，并且表达了参与方对自己职责的承诺。

1. 位次排列

就礼仪而言，举办签字仪式需谨慎对待，最为重要的一环就是安排适当的座位顺序。

通常情况下，签字仪式的会场座位排布，一共有三种主要的形式来适应各种不同情况：

（1）并列式

并列式排座，是进行双边签字仪式最常用的形式。这种安排的基本形式是在会场内开门方向横向放置签字桌。当双方的人员全部到场后，按照特定的顺序：其中签字人员在中间位置面向大门，客方在右侧，主方在左侧。通常这种形式使用在有记者在场时。

（2）相对式

类似于并列式排座。但是不同的是，这种形式会将随员席置于各签字代表身后。

（3）主席式

主席式排座，多用于多边签字仪式，它的特点在于：桌子仍横放在室内，而签字席则面向入口摆开一个座位。当进行仪式时，各方的人员都要面对签字席而坐。各方签字人员都要按照规定好的顺序一个个走到签字席去签字，然后再回到原来的座位上就座。

2. 基本程序

在进行签字仪式过程中，应该遵循以下基本的步骤：

（1）宣布开始。参与的各方人员应该按照先后顺序进入签字厅并找到自己的位置坐下。

（2）签署文件。一般来说，在交换文档之前，需要按照先在本方保留的文件上签名，再在他方保留的文件上签名的顺序进行操作，符合礼仪的要求是一定要保证每一位签字人的签字在本方文件的第一位。所以，每份文件都需要先签本方的文件之后再进行他方的签署程序，这就是"轮换制"。它表达的意思是：在签署文件的过程中，应该轮换着让各方都有一次机会第一个签字，以此来显示各方的同等重要地位。

（3）交换文本。在此刻，各方签字人在彼此之间应该热情地拥抱、互相道喜，并对刚刚使用的签名笔进行交换来纪念。并且现场人员也应该一起拍手喝彩，表达对这个重要事件的祝福和认可。

（4）饮酒庆贺。在有些大型或是正式的跨国商业谈判签字仪式中，通常会在签署文件后饮一杯香槟庆祝,并彼此向对方敬酒。在国际上,这是一种普遍的增加喜庆氛围的方法。虽然在一些中小型谈判中可能无法实现此惯例,但通常会选择在晚上的宴会或其他聚集场合代替。

二、客座方礼仪

(一)入乡随俗,客随主便

当在谈判对手的领地上进行谈判的时候,一开始就处于不利地位。对方显然能够占尽地主之利,我方只能跟着对手采取"以不变应万变"的策略。一般来说,只能接受对方给予我方的安排,包括时间、地点等。

(二)适当地变动

当然,客随主便并不意味着完全接受对方的安排。当有特殊要求或在时间安排上有冲突的时候,可以向对方提出,对方会根据情况作出适当调整。

(三)就餐礼仪

应该掌握好必要的就餐礼仪。良好的餐前、餐中及餐后礼仪,会给对方留下很好的印象。

1. 就餐之前

在收到邀请函后,要尽快回复对方,从而使对方可以明确参加宴会的人数。准时到场或者提前5到10分钟,千万不要迟到。等重要人物到场后才可以离开。如果的确有急事需要提前离开的话,要请求主人的谅解并尽量低调。

2. 就餐过程中

(1)保持温柔和愉悦的语调。

(2)与餐桌保持一定的距离。

(3)吃面条的时候允许发出轻微的吮吸声,因为那样对方会认为我们十分享受他们准备的食物。但喝汤的时候就不要发出声响了。

(4)保持良好的坐姿。不要含着食物讲话、慢慢咀嚼,不要发出声音、不要挥动餐具,特别是刀子,如果刀子上还叉着食物就更不雅观了、不要忘记礼貌用语、离开餐桌的时候应征得对方的同意。

（5）不要在用餐后将餐具乱放。将刀叉放在一起，刀锋朝里、叉尖朝下，叉子放在刀的左边，表示已经用完。斜放刀叉，位置就好像是钟面上指向10和4那样。注意要将刀叉放稳，当餐盘被挪走时别让它们掉下来。

3. 就餐结束后

散席时要向主人致谢，热烈握手深化感情，还应对宴会作些赞美，勿对饭菜发表贬损性评论。

三、双方应遵循的礼仪

（一）基本原则

1. 信守时约

在国际商业谈判中，信义是一项至关重要的礼貌规范，其中最关键的表现形式有两种：一为守约，二为守时。在处理国际商业谈判时需要仔细考虑后再做出决定，并且根据实际情况制订合适的目标与计划，同时避免鲁莽轻率的言行举止，要讲诚信守诺言，一定要全面履行已达成的协议或合约。要建立积极的形象和外部的信任，就必须坚持言行一致且坚定不移地去实践它们。准时出席所有商业谈判是非常必要的，同时也不能因为任何原因而迟到或者没有来。失信与违约将会严重损害信用与人际关系。

2. 入乡随俗

在许多国家的历史里，不同群体形成了独特的国家与民族思维方式和文化特色以及生活方式，并存在着一定的生活规律，当进入别国地区时应该适应当地的习俗。在国际商务谈判中，入乡随俗的礼仪习惯更容易增进双方的理解，也是向对方表达友善友好以及尊重的最佳方式。

3. 尊重为本

礼仪的核心是尊重。在国际商务谈判中，更要强调以尊重为本。尊重包括两方面的内容：尊重他人和尊重自己。

首先，尊重他人是基本要求，无论谈判的对手是什么地方的人，所有的谈判者都应以自己所在地的社会文化为背景，通过礼仪的形式，向对方传递出尊重对方的信息，包括尊重对方的文化习俗、个人习惯偏好等。

其次，尊重自己就是指在国际商务谈判中要懂得自尊自爱、不卑不亢，这样才能获得对方的尊重，获得谈判的话语权。这就要求谈判者在谈判过程中，言行规范、行为举止落落大方，用规范的礼貌用语及行为举止表达对对方的尊重和己方的谈判诚意。在国际商务谈判中，谈判者的行为不仅仅代表自己所在的企业和部门，还代表着自己的国家和民族。因此，在谈判对手面前不能表现得畏惧自卑、低三下四、过分谦虚，也不能表现得高傲自大、放肆嚣张，更不能弄虚作假、损毁商业信誉。

（二）服饰仪表礼仪

服饰是人们生活中不可或缺的组成部分，也是外在形象的一个重要方面。对于一位参与谈判的人来说，服装在塑造良好个人形象方面至关重要。

服饰具备自然功能，而这些功能通常被视为是服装的自然属性，例如，抵抗恶劣天气的影响或是为了保护自身的需求。另外服饰具有社会功能，其是在自然功能的基础上产生的社会效应，不同族群、风俗和年龄使服装呈现出多样性。

在国际商业谈判里，服饰的色彩款式以及搭配是否得体，会直接关系到谈判人员的神态举止，以及留给客人的初印象与感受。

1. 服饰要庄重、大方、优雅、得体

对于谈判中的人来说，应该根据自己的个性以及身体的特点来挑选合适的服装风格，因为只有这样才能够找到最能展现自己魅力与风格的服饰。无论全世界拥有何种独特的服装风格和多样的款式，男性穿着的西服以及女性穿着女式西式套装，已经成了商务谈判中众所周知并广泛接受的着装规范了。

在国际商业谈判中，应优先选用黑、深蓝、灰、棕褐色等颜色作为着装主色系，这能令对方认为谈判者谨慎而有信心和决策能力。男士西服有两种不同的种类——简易西服和精致西服。前者的着装要求没那么严格，而后者的着装要求比较严苛：精致西服要求衣服的面料必须完全一致，包括T恤和衬里。不允许内穿衣物或穿戴其他装饰，不可以挽起袖子。还要选择一款同样色系的皮鞋与之匹配，不可穿运动鞋等。

在冬季、春季、秋季进行谈判时，女士应选择西服，尤其是西服套裙更为适宜，而对于一般的会议等场合，可选择穿毛衣套装加风衣或者是大衣。在夏季，女士的穿着也应该以西服套裙为主，也可以穿长裙或短袖衬衫，配西服或西裤。袜子的颜色和纹理不能太鲜艳，不能穿网状的，通常是黑色、肉色、淡灰和无色，袜子不能走丝或有破损。在国际商业谈判这种正式的场合，女士的服装搭配需要慎重考虑。特别要注意的是不要穿着凉鞋。

2. 服饰要符合身份、个性、体形

在进行国际商业谈判时，应当注意着装形象要有特点，需依据场合性质及其个人身份与特质，如性别、年龄、气质及任职等来决定服饰款式以及颜色的配合。

人在身形、体型和皮肤颜色上存在差异，因此着装应该根据个人特点来选择，突出优势并隐藏不足之处。换句话说就是，对于体型较大或身高较高者来说应选择穿淡雅色彩的上装与长裤；而身形娇小、体态纤细者可选用温暖色系，颈短适宜选择低领装。

3. 服饰颜色的选择

服饰应该避免单一色彩，注重在某一色系中寻求转变与层次感，同时搭配的颜色不应过多、过乱，一般不超过三种颜色。

黑色象征着稳重，一身黑的西服搭配洁白的衬衣就会有种威严与高雅并存的感觉。

白色象征着纯洁，给人一种干净、端庄的感觉。

灰色象征着朴素、含蓄，给人以谦逊的感觉。

4. 仪表要求

仪容仪表需要注意的是除了选择合适的服装和装扮外，还需要注意使用的香水及发型等问题，同时也要留意个人的生活习惯，如洗漱干净等细节。眼镜的尺寸要合适，镜框要干净，还要注意口腔的卫生，不要食用洋葱、大蒜等食物，要注意指甲的清洁，男士的胡子要经常修剪，在公共场合不能嚼口香糖。女士在选择首饰时要注意，要尽可能避免那些质地和做工差劲的，而且款式的设计也应简约而非过于华丽复杂。在涉及国际商业谈判的场合中，过分涂脂抹粉不是明智之举。应当避免妆容过于繁复和华丽，以免被视为不尊重。

（三）双方馈赠礼品礼仪

赠送礼物是双方之间沟通交流的一部分，除了表达善意之外，更重要的是为了传达对于此次合作和未来进一步合作的期许,以及加强彼此间联系的情感诉求。所以,挑选礼物就是一项非常细致入微的艺术。

送礼考虑的第一要素是对方的风俗与文化,因为谈判者的民族文化不相同,所以他们的喜好、需求都有所不同。例如,西方的国家如美国、加拿大等,他们的谈判者不习惯于在商业场合赠送礼品,但在日本,送礼已成为巩固及维护商业关系至关重要的一环。送礼需留意的事项如下所示。

1. 礼物价值不宜过高

礼物不必太过昂贵,但要独特。举例而言,美国商业性礼物通常在25美元左右,相比之下在亚洲、拉丁美洲及中东等地域的商业人士,通常会更加重视实际的金额。

2. 要注重对方的习俗和文化背景

谈判各方参与者的国籍、文化和生活习惯等特征不同,因此会产生各种不同的需求和偏好。

在英国认为有送礼人公司标志的礼品是令人讨厌的,同时要注意不可以赠送白色百合花和菊花等具有哀悼含义的花卉。

在意大利认为送礼就是送出喜悦与祝福,可考虑选取一些充满甜蜜的礼品,例如精心装饰过的经典著作等。

在法国不可以赠送康乃馨这种具有哀悼含义的花卉。

在俄罗斯认为数字3不吉利,因此送女主人只送红玫瑰,而数量不可为3。在西方国家忌讳数字13,不同的国家对数字都有不同的理解,要充分了解其文化,注意送礼的数量。

3. 礼物的选择

在挑选礼物的时候需要兼顾接受者的文化背景以及喜好,同时也要体现中华民族的独特风格并且具有特殊的纪念价值,例如传统手工艺品。有时,过于贵重的礼物反而会给对方带来有求于对方,或产品本身可能存在缺陷的印象,结果会适得其反。

调查结果表明,许多来自国外的商客青睐于我们国家的以下这些礼物:

(1) 景泰蓝礼品。中国的文化瑰宝之一景泰蓝所制造的各种礼品深受全球各地收藏家的青睐和赞赏。

（2）玉佩。外国友人钟情于带着浓郁东方神韵的玉制品，具有温和色彩、细腻质感及印刻着道家图案与书法的玉制品最受喜爱。

（3）带有中国特色或者印有汉字的服装是最受欢迎的礼物之一，特别受到外国青年的喜爱。

（4）绣品。在我国众多刺绣纪念品里，以苏绣和湘绣最受欢迎。

4. 礼物的包装

在选择好礼品后，要打好包装。在包装前，必须取下价格牌，否则是失礼的表现。这与我们有些国人在日常生活中的习惯是完全不同的，因为高价值的礼物容易引发行贿嫌疑，使对方产生不必要的怀疑，从而导致谈判效果减损。

5. 收受礼品的礼仪

在商业谈判中，除展现友好方式的送礼外，我们还会频繁地遇到对手赠送礼物这种情况。在处理赠礼时需审慎考虑，若收下礼物可能会难以控制某些情况或过程。在国际商业谈判中也应遵循相关国家与公司规定的纪律和原则。

作为国际商业谈判的代表，必须要明确的是自己代表了企业和国家而不仅仅是个人，因此在面对外方送的礼物无法接受的情况下，务必要诚实地说明情况并表示感激。除中国和日本外，欧美商客送出的礼品需要当面拆开、接受及表示谢意。在接受礼物之后，回赠的礼物通常只有对方礼物价值的一半。还可以在合适的时机提到，以再次表达感激之情。

（四）双方会见礼仪

1. 见面礼节

国际商务谈判者初见面，可以采用握手、拥抱、鞠躬礼、合十礼等礼节。

握手是大多数国家相互见面和离别时最常见、使用最普遍的礼节。西方人通常是在经人介绍与别人相识时才握手。握手时，双方各自伸出自己的右手，彼此之间保持一步的距离，手掌略向前下方或竖直伸出，四指并拢，拇指张开，手臂弯曲，与对方相握。一般来说，握手的时长最好不要超过三秒钟；但如果是面对女性、年长者或是身居高位的人物，应该尊重对方的意愿，不要随便伸手给对方。当主人招待宾客时（比如在机场或在宾馆里），不管是男性还是女性来宾，都应该注意主人应当主动地率先与他们问候、伸手。握手把握力度是重要的，若过于轻柔，容易被看作傲慢无理，而过于热情的表现又会让人觉得性情急躁，男女间的握手应以体贴温和为主，避免死命紧握不放手的姿态出现。当与他人握手的时候，男性需要脱下手套，但是女性却不常这样做，只有和身份高的人握手才会例外。同时，也不可以用左手来跟人握手，切记不可一脚在门外一脚在门内。当多人相遇并准备握手时需谨慎，避免交叉，只有在别人握手结束后才伸出自己的手。

在欧美、中东以及南美等国的社会中，人们会采用拥抱的方式来表达关怀和友谊，这种行为有时候也会跟吻面礼一同使用。拥抱的技巧是将右手放在对方的左后肩，左手放于对方后腰。在大多数情况下，拥抱用于同性之间。

在东亚地区如日韩等国普遍使用鞠躬礼，而在西方国家则较为少见。在行鞠躬礼时应将帽子摘下，保持站姿挺拔、目光直视对方，上半身略向前倾斜15度，同时再缓缓转回原来的姿态并表达问候。

在南亚和东南亚信仰佛教的国家，合十礼非常流行。行礼时，双手合十于胸前并向上举少许，再微低头弯腰。在对外交流中，如果遇到对你行合十礼的人，那么我方也应该向其回敬合十礼，但需要注意的是合十时不可点头。

2. 寒暄与称呼问候

在会谈中建立良好的气氛非常重要，这需要通过寒暄来实现，即积极地交谈以尽快进入状态、表现彼此之间友好并乐意相互交流的态度。寒暄需要注意选择的谈话内容以及时机、环境等因素。寒暄时，谈判者可以根据不同的环境、场合、对象进行问候式寒暄；亦可根据对方的容颜、精神状态、衣着和发式等进行适当的赞扬式寒暄；还可以谈谈天气、交通、体育赛事等其他的寒暄方式，以打破尴尬的局面，引出话题。寒暄要尊重各地的文化及风俗习惯，切忌提出不合对方特定风俗习惯以及文化的内容。

在国际商业谈判时使用适当的问候语十分重要，它们可以体现出对对方的尊敬和亲近感，同时也反映出发言人的素养和礼貌。即便第一次会面，打声招呼也能起到寒暄的效果。在国际商务谈判中经常使用的"您好"既可用作问候，也可用作寒暄。在国际商务谈判中，正确清楚地道出每个人的姓名和头衔是能否进行顺利交流的第一步。若错叫别人的名字或是称谓的话，都可能会让对方感到不满并可能导致整个谈判陷入困境之中，而由于不同国家的文化和习俗千差万别，因而体现在对人称呼上的规矩也各不相同且复杂多变。按照国际惯例，一般对男子称"先生",对已婚女子称"夫人",对未婚女子称"小姐",对于难以判断是否结婚的女子可称之为"女士"。这些称呼均可以冠以姓名、职称、职务等。当然称呼习惯根据地方及民族的不同也是各不相同的,谈判时要提前熟知,以免出现失礼的情况。例如,对英国人不能单独称其"先生",要称"某某先生";美国人比较随便,容易亲近,很快就可直呼其名;德国人更乐于对方称呼他们的职衔。

3. 介绍礼仪

在国际商务谈判中,经常会结识一些新的对手及伙伴,介绍就成了国际商务谈判活动中必不可少的环节,介绍分为自我介绍和第三方介绍两种。

自我介绍通常会使用在需要向别人展示身份,或让大家了解更多关于自己的信息的情境下。它是常见于国际商业谈判与社交场合的交流手段之一,能够起到不错的沟通效果。进行自我介绍时,应先向对方点头致意,善于用眼神表达自己的友善、关心以及沟通的意愿,得到回应后再向对方介绍自己。如果有介绍人在场,应由介绍人进行介绍,此时进行自我介绍就会被视为不礼貌的行为。进行自我介绍时,要镇定自若、落落大方、彬彬有礼,语气要自然,语音要清晰,语速要适中,要简洁、清晰、自信,态度一定要自然、友善、亲切、随和。在进行自我介绍时,也可以利用名片加以辅助。

第三方介绍也称"他人介绍",通常是指由第三方人员为彼此素不相识的双方相互介绍、引见的一种介绍方法。为他人做介绍的第三方为介绍者,被介绍的双方为被介绍者。在国际商务谈判中,一般由东道主方的礼宾人员或谈判方的负责人作为介绍人将相关人员介绍给对方。介绍人作介绍时,应按一定的顺序进行介绍。核心原则是:位尊者有率先知情权,也就是说做介绍时,应先将位卑者介绍给位尊者认识,再介绍位尊者给位卑者。当替主客双方进行介绍时,要先介绍主人一方,再介绍来宾一方,以表示对客人的尊敬。

在国际商务谈判等商务场合,一般以社会地位和职位的高低作为介绍礼仪的衡量标准,应先将职位低者介绍给职位高者。同职位的情况下,先将晚辈介绍给长辈认识,以表示对高位者和年长者的尊敬。在为年龄相当的同职位男女做介绍时,应先将男士介绍给女士。

（五）名片交换

各国的礼仪文化不一，故名片交换在其中的意义大不相同。若是在国际商业谈判中有涉及交换名片，那就要考虑该国的惯例进行相应的处理。毫无疑问的是，不论运用哪种方法，进行名片互换都能够促进双方之间的互相了解。

在进行设计与交换名片的时候需要关注一些要点。

1. 设计有两种语言的名片

设计名片时，一面使用中文，一面使用英文（或东道主的官方语言），另外需要考虑标示职务与头衔，因为头衔会帮助对方确定身份，从而表现出适当的尊重。

2. 把名片放在方便取用的地方

将名片放置于公文包中以方便使用，对于名片的保存也要注意将其放入专门的卡片匣子或是袋子里以保证平整完好。为确保不会在交流过程中出现遗漏或短缺的情况，最好随身携带足够的名片。

3. 了解递交名片的场所与时机

在美澳两国，通常并不要求交换名片，可以更为随意地进行相互了解和认识。然而在一些国家，交换名片的礼节较为严谨。在日本，会有这样一个传统礼仪：在行礼并自我介绍之后才会互换名片，并由客人先递交名片。在阿拉伯国家，通常会在会面结束后互相交换名片，也会选择在握手的时候交换。在荷兰和意大利，通常在初次会面的时候向他人递上自己的名片。

4. 熟悉递交名片的方式

在递送名片的时候，应该让背面有英语或东道主语言的一面向上，让有汉字的一面向下。在一些用手抓饭的国家，如印度、印度尼西亚以及马里等国家，要使用右手递送名片；而在新加坡和日本，要使用双手递送名片。

5. 懂得如何接受名片

在接受别人的名片后应该表达感谢或是以微微的鞠躬及笑脸回礼，妥善保管他人的名片。仔细阅览之后，就要慎重对待并将名片妥善保存至名片夹或者放到相关文件中，万不可随意将其扔入衣物口袋之中。若拿到许多名片，建议将它们放在桌上，并将人和名片一一对应，直到结束会面后再整理。

第二节　国际商务谈判语言与非语言沟通

国际商务谈判的过程实际上就是谈判双方进行信息交流的过程。谈判中信息的传递与接收主要是借助于双方的语言交流实现的，需要谈判者具备听、问、答、叙、看、辩及说服等方面的技巧。同时，非语言表达及书面语言沟通也在谈判中发挥着特殊的作用。为了圆满完成谈判任务，谈判人员在谈判桌上就必须随时注意各种沟通方式、技巧的运用。

一、国际商务谈判中的语言沟通

人类的绝大多数思想是通过语言进行表达的。参与国际商业谈判的各方都需要借助适当的语汇和沟通能力，以达成协议并达到预期的成果。

在国际商务谈判中，由于语言差异，使一方不能准确、正确地理解另一方所表达的含义或内容，造成误会、分歧，进而影响谈判。因此，国际商务谈判要明确的第一个问题，就是使用哪一种语言作为谈判工具。通常，国际商务谈判是以英语为洽谈的主要语言，如果在对方国家谈判，也常使用对方的语言。在国际商务谈判中，谈判者不仅要通过语言陈述自己的观点，利用语言处理与对方的人际关系，还要利用语言实施自己的谈判策略和技巧。有时，甚至可以把语言障碍变成一种有用的手段。可以说谈判的成功首先是语言艺术的成功。

（一）国际商务谈判的语言特征

1. 客观性

在谈判的过程中，需要使用基于客观证据的言辞来表达自己的观点和态度。通过选择适当的词汇传达令双方满意的信息是至关重要的。

就供方而言，强调语言的客观性应该体现在以下方面：诚实准确地描述公司的状况；在谈及产品的特性与品质时，提供实样或者示范来加以证明；同时可提及消费者对产品的评价。此外，定价应合理可靠，而选择的付款形式也应被双方共同认可。

就需方而言，语言的客观性应该体现在以下几点：在说明自己消费能力时不应夸张虚构；在评价对方产品的特点与表现时要真诚；对产品还价时应有充足的理由作为支撑。

在交易场合中运用客观性语言能建立互信关系并有利于达成目标，这是促成成功的关键之一。

2. 针对性

针对性在谈判中，是指要将焦点放在核心议题上并明确目标。由于谈判环境不同，参与人员变化以及时间的推移等诸多因素影响着每一次谈判的内容和形式，所以语言的运用也需要灵活变化。

举例来说，在谈判的过程中会遇到不同的对象，他们的性别、年纪、教育背景、工作身份以及个性的差异等，都会导致他们接收和解读信息的方式千差万别。对于性情急躁或者直爽的谈判对象，"简明扼要"的交流方式会比较适宜；当跟谈吐高雅的对象进行谈判的时候，己方必须也要讲究措辞；相反地，如果对方的话简单明了，那己方也不用过于刻意雕琢用语。总而言之，为了确保双方在协商中的沟通顺畅无阻并达到最佳效果，需要对谈判的情况进行准确的分析，选择适当的用语以使两个人的语言水平大致相当，以此快速拉近彼此之间的心理距离。

此外，根据不同需要和谈话对象的特点，选择恰当的有针对性的语言进行回答，侧重展示产品的高质量及优越特性，在必要时也可以强调企业的良好信誉，以及不断重复解释定价公正等。

3. 逻辑性

在谈判中展现出恰当的逻辑性至关重要，这意味着要求语言表述清晰明了且准确无误，而且论证及其根据需要具备充分的证明与支持。

要想提高谈判语言的逻辑性，谈判者要在谈判前搜集大量资料，对其进行整理分析后，运用一定的逻辑学知识进行语言整理，只有在谈判的过程中使用合乎情理、有条不紊的语言，才有可能被对方接受与认可。在谈判中要注意言辞的逻辑性，这对于吸引对手，获得赞同和支持至关重要。无论是在表述问题时，还是在起草文件或者提出观点时，都需要根据语言本身的规则和结构进行考虑。

在与他人谈判时需留意语言表达的连贯性和逻辑性。发问时要观察对方的态度和反应，选择合适的时间节点，同时还要兼顾问题，保证连贯。在回答问题时需要针对具体的问题作出精准的回应，并避免无意义的重复或空泛的答复。此外，为了更好地影响和说服对方，我们需要通过语言的强烈感召力和严密的论证方式来表达我们的意见，从而达到更好的效果。另外，要能有效地运用对方言辞不清晰和有误的时刻作为反击的机会，来加强我们自己的语言说服性。

4. 规范性

在谈判的过程中应注重语言的恰当性和精准度，以使交流更为流畅并且让人易于理解——这就是所谓的规范性。第一，需要遵循商务礼仪，需保证语气的平和以及措辞的准确。无论如何都不应使用冒犯性或不适当的言辞，如肮脏话和辱骂语，并应该尽量少用涉及明显意识形态差异的语言。第二，要确保语言的通顺明了。说话时不应使用方言或俗语，而应规范统一地使用标准语言与他人交流。第三，在谈判中，要注重语气的抑扬顿挫和轻重缓急，不能断断续续、软弱无力、大喊大叫。第四，要用精确的、严谨的语言进行谈判。在谈判的过程中，必须要精准地向对手传递自身的底线、看法以及条件，协助对方明确自己所持的立场，并按照逻辑性和妥当性来清晰地表述这些内容，其中涉及语法应用的规范性。在谈判中表达立场时需要谨慎措辞以保证双方达成共识，应尽可能避开模棱两可或难以理解的语句，而选用精准明了的语言来确保语言的规范性，同时也要讲究语法和词汇以确保专业素养。在谈判中应适当停止发言，避免不经思考的发言偏离议题及不精确的表述观点等做法以达到最佳效果。假如谈判者在传达意见的过程中出现失误，可能会导致对方做出错误的决策并造成巨大的经济损失。

5. 隐含性

在国际商务谈判中运用谈判语言，要根据特定的环境与条件，委婉而含蓄地表达思想、传递信息。

隐含性在许多方面集中反映了语言运用的艺术性，除了表现在口头语言中，还直接表现在无声语言中，无声的行为语言本身就隐含着某种感情和信息。

虽然，前文强调了国际商务谈判语言的客观性、针对性和逻辑性，但这并不是说在任何发问下都必须"直"不打弯、"露"而无遮，相反，在谈判中根据不同条件，掌握和运用"弯弯曲曲""隐隐约约"的语言表达方式，有时会收到良好的效果。

6.技巧性

在日常生活中，具有幽默感的人几乎无一例外地受到欢迎，在谈判桌上也一样，语言幽默诙谐能引起听众的强烈共鸣。

在谈判中，幽默具有特殊的意义和功效。在许多谈判场合下，我们总是会发现那些带有幽默成分的发言能够有效地缓和气氛，化解彼此之间的矛盾与不满。

（二）国际商务谈判的语言类型

人类的语言是丰富的，各民族都有自己的语言，各行各业也有自己的语言。商务谈判的语言多种多样，从不同的角度或依照不同的标准，可以把它分成不同的类型。

1.有声语言和无声语言

根据语言的表达方式不同，可以将国际商业谈判语言分为有声语言和无声语言。

有声语言是指由人的发声器官发出的声音，它是通过人的听觉来传递信息，进行思想交流。有声语言，又可分为同情语、委婉语、幽默语、格言、成语等。

无声语言包括两种：行为语言和书面语言。行为语言也称"肢体语言"，是指通过人的形体、姿态等非发声器官来表达的语言。这种语言是借人的视觉传递信息、表示态度、交流思想等。书面语言即文字语言，文字语言贯穿国际商务谈判的始终。国际商务谈判文字语言是指对谈判前的准备、谈判过程和谈判结果全部内容的文字表现。在谈判准备过程中的文字语言，包括往来书信、谈判方案；谈判过程中的文字语言，例如会议记录和备忘录等；谈判后的文字语言，如双方签订的协议等。而对于这些文本语言的规范性，其质量好坏及过程顺利与否将极大程度地影响着整个谈判的结果与成效。

2.礼节性交际语言、专业语言、法律语言、外交语言、文学语言和军事语言

依据语言表达特征，国际商务谈判语言可分为礼节性交际语言、专业语言、法律语言、外交语言、文学语言和军事语言。

（1）礼节性交际语言

礼节性交际语言通常具有不偏不倚地表述，以委婉的方式呈现，力求措辞得体优美，并且注重语言的修饰和美感度。通常而言，此类语言并不会直接讨论实

质性的内容。其作用主要在于缓解并化解双方初识时产生的生疏与防备，联系彼此的情感以制造宽松自然的氛围。友好亲和的气氛在国际贸易谈判中扮演着关键的角色。常用的礼节性用语包括："热烈欢迎远方贵客的光临""深感荣幸和欣喜能够与此君并肩前行"或"祈望你我协力同心，为双方关系的加深添柴加火"等。当使用礼节性交际的用语时，若能够适度地融入些许文学色彩，则可以产生更佳的效果。

（2）专业语言

在商业谈判中运用相关的专业词汇及术语被称为"专业语言"。此类型的语言是商业谈判中的主要语言，具有高度的专业程度和标准化要求，且具有非常精确的用语表述。谈判业务不同，专用语言也就不同。例如，在国际商务谈判中，有到岸价、离岸价等专业用语；在产品购销谈判中，有供求市场价格、品质、包装、装运、保险等专业用语；在工程建筑谈判中，有造价、工期、开工、竣工交付使用等专业用语。为了减少歧义，应该采用规范化的术语以及符合标准的表达形式，增加语言的通用性。

（3）法律语言

法律语言是指国际商务谈判中涉及的有关法律规定的用语。这种语言多是由专家、业务人员、国际商会、联合国组织以及各国立法机构共同创造、补充并不断完善的。国际商务谈判业务内容不同，要运用的法律语言也不同。每种法律语言及其术语都有特定的内涵，不能随意解释和使用。法律语言的特征是法定的强制性、通用性和刻板性。

在谈判中，通过法律语言的运用，可以明确谈判双方各自的权利与义务、权限与责任。特别是在国际商务谈判中，由于交易的内容涵盖面广，交易双方的民族及地区差异性大，运用法律语言可以帮助双方正确理解对方的立场观点。例如，国际商会提供的"国际贸易术语"及联合国提供的《联合国国际货物销售合同公约》等，都是面向全世界工商业界的标准商业法律用语，它可以帮助不同国籍、不同文化背景的谈判对手，在商务谈判中加强彼此的文化沟通。

（4）外交语言

外交语言，在国际商业谈判中被视为有文化含量的华丽言辞，是具备浓厚外交风格，展现出模糊不清的效果，化解抵触感和润滑矛盾的语言。使用外交语言进行商业谈判，能够同时顾及对方的颜面需求和自己的礼貌，明确表达立场，而且做到谈判留有余地。例如，在商务谈判中常说"互惠互利""双方互惠""可以考虑""深表遗憾""有待研究""双赢"等语言，这些都属外交语言。外交语言可以反映出谈判时的气氛、谈判者的态度、技巧及进退、回避的表达方式。因而，正确、恰当地运用外交语言，可以有效为实施己方的谈判策略服务。需要注意的是，过多使用外交语言容易让对方感到无合作诚意。

（5）文学语言

文学语言是指在国际商务谈判中，用优美动人的语言，采用夸张、比喻、谚语等修辞手法来制造一种良好的谈判气氛。这种语言的特征是生动、活泼、优雅、诙谐、富于想象、有情调、范围广。受到民族文化的熏染及谈判者个性偏好的影响，各国商人在谈判中的文学语言运用既各具特色，又极富魅力。在国际商务谈判中，文学语言的运用既可以生动明快地说明问题，又可以调节谈判气氛。比如把经济利害明显的话题以文学语言表达，会使其"文雅"或者"诙谐"，可以获得"轻松而不生硬，虽难却不使人介意"的效果。文学语言常用的典型用语很多，例如，把商务代表喻为"友谊桥梁的建设者"，把谈判喻为"播种"，把签合同喻为"收获"等。文学语汇多是即兴而用，无一定之规。只要以拟人或拟物或以较多修辞或工整的文学式语言表达的，均属于文学语言的语汇。

（6）军事语言

在涉及国际商业谈判的场合中，可以适当运用军事语言进行交流和表达。这种语言简洁有力，可以加强双方信任、缓解焦虑情绪并促成合作意向的达成。鉴于军事语言的这些特殊优点，谈判中可以因客观需要而策略性地运用，由于其针对性和目的性较强，成效自然也好。军事语言常用的典型语汇有"价格防线""成本底线的摸底或侦察""集中突破某一点"等，在策略用语中常用"声东击西""兵不厌诈""顺手牵羊""以退为进"等，在谈判过程中有"不要绕圈子，请回答我这个问题""这是无条件的，不可讨论的""非如此不能签订合同"等。

（三）国际商务谈判语言的应用条件及运用原则

在沟通的过程中一定会传递出某些信息，表达一定的看法、态度等，因此语言的应用至关重要。其不仅会影响到人与人之间的交往及和谐性（无论是何种情况），还直接关联到整个谈判的成功与否。

1. 国际商务谈判语言的应用条件

任何好药，只有对症才能有好的效果。在国际商务谈判中，各种语言使用也要求"有的放矢"。商务谈判语言因谈判阶段、对象、环境、目的、话题的不同而不同。在此，主要就谈判语言在谈判各阶段的运用进行分析。

在谈判准备阶段，适宜采用专业、法律和军事语言。在谈判准备阶段要准备各种技术、价格资料，必须体现专业性和法律性。讨论、交谈多在自己人中，为了鼓舞士气、强调要点，军事语言则有其独特作用，如"对方报价水分太多，先打虚头，再逼其降价""先设个障碍，虚晃一枪"等。

在谈判开始阶段，以礼节性交际语言及文学、外交语言使用为宜。礼节性交际语言和文学、外交语言的使用有利于创造良好的谈判气氛，促进融洽、信赖谈判气氛的建立。

在实质性谈判阶段，以专业和法律语言为基础，穿插文学、军事语言可提高谈判的效率。实质性谈判阶段涉及许多具体业务问题，只能使用专业、法律语言才能使谈判的概念准确。在阐述一方观点时，用文学、军事语言，能产生柔中带刚的效果。

在谈判结束阶段，谈判语言使用范围越来越窄，可讲的话在辩论中已用得差不多了，故多剩下军事语言，如"贵方的条件与我方的需求还有较大差距，只有改善才可成交""条件必须满足才可接受""我方已无退路，也无新的意见好讲，贵方作裁决吧""我方的命运掌握在贵方手中，由贵方处置""这是最后的机会，希望拿出最终价"等。因为要结束谈判，不允许有拖泥带水的表态，所以以军事语言为主，辅之以专业语言和法律语言，更有利于谈判最终达成。

2. 国际商务谈判语言的运用原则

国际商务谈判中，双方说明自己的情况，陈述自己的观点，倾听对方的提案、发盘，并作反提案、还盘，互相让步，最后达成协议。国际商务谈判语言的运用应遵循以下几个重要的原则。

（1）多听少说

对于那些没有经验进行谈判的人来说，他们的缺点之一是不善于聆听他人的谈话。这些人错误地以为他们唯一需要做的是陈述自己的观点，并回应对方的异议就可以了。所以在谈话时，他们的思绪总是停留在准备好的对话上而忽视了对方的讲话。这种行为使得很多有价值的信息流失掉了，他们认为一个优秀谈判者关键在于说话多而不是倾听与否。实际上，一位优秀的谈判者通常会花上50%以上的时间去倾听对方的表述和需求。通过反复聆听和解析所获信息并与之互动交流的方式，他们可以确认自己的判断和决定是否恰当和准确。通过聆听对方的每一个字词，不仅捕捉到重要或有兴趣的信息，他们还得到了许多珍贵的情报，为接下来的谈判增加了筹码。通过有效听取别人所说的话语，能够帮助寻找更好的解决方法并调整自己的出价或者条件。一个能有效地进行谈判的人需要的不仅仅是"谈"，更需要学会"听"的技巧，来使得整个过程得以顺利推进下去。对于成功的谈判者而言，拥有"听"这一能力绝对是必不可少的素质之一。在进行谈判时，谈判者应该积极引导对手继续发言，使用诸如"please go on"等措辞来获取更多信息，更好地理解对方的情况。

（2）巧提问题

巧提问题在谈判的策略中居于关键地位。通过提问不但可以获取额外信息令交易更加有利可图，还可以作为核实对方立场的方式之一。为了获取有关进口商需求的更准确信息，出口商使用更多开放性提问（这些问题不能被简单地回答"是"或"不是"）。如："May I know more about your company?" or "What else do you want to add about this proposal?" 对于外商的问题答案，应该记录下重要的细节以及核心要点以供后续使用。

通常在报价后，进口商经常会说："Can't it be better？"对这一问题回答时，不应该轻易妥协，应该反复质询。"Better what？"这个问题可以让进口商指出他们不满的地方在哪里。如：进口商回答"The conditions of your rivals are more advantageous."之后，可以由谈判人员继续提出问题以理解对手的方案细节直至没有任何疑问为止。接着，可告诉进口商相较于其他供应商，我们的提议实际更佳。如果收到对方模糊的答复，我们应该坚持请求更明确的答复而不是妥协接受。另外，在进行提问之前，在谈判的早期阶段更佳，要注意得到对方肯定的意见。这能够带来两个益处。首先，如果得到对方的认可，那么回答问题的态度也会更加配合；其次，如果对方回答了"Yes"的话，这将会为谈判创造一种积极的氛围。

（3）展开话题前应注意的地方

在打算展开话题之前，注意观察对方身体语言和面部表情中所流露出的信息，这样可以判断出是否适合展开谈话。

包含正面提示的有：展现友善笑容或自然的脸部表情。负面提示的有对方正忙于某事或对方正在赶时间。

显然我们需要鼓励自己做出积极的方式来开始交流——比如率先问候他人，说"Hello！"并面带友善的笑容，这会让双方都更容易建立联系并留下良好的印象。

（4）做好谈判前的准备

在进行谈判之前必须做的是进行充分调查和理解对方的状况。同时也要明确哪些问题可以根据谈判达成一致，以及哪些需要作出让步。此外，我们还需确认他们觉得哪些问题是重要的，并且这桩买卖对他们有多么的重要等。同样重要的是我们也需要考虑自身情况。因此，在谈判前制订清单并准备相关提问是非常必要的。

（四）国际商务谈判的语言沟通技巧

成功的国际商务谈判是谈判双方出色运用语言艺术的结果。具体地说，在商务谈判中除了在语言上要注意文明用语、口齿清楚、语句通顺和流畅大方等一般要求外，还应掌握一定的语言技巧。成功的谈判者必须掌握多元化的、扎实的谈判技能，并善于结合谈判实践加以灵活运用。谈判人员通过培养语言沟通技巧，可以在谈判中掌握主动、获得满意的结果。

1. "听"的技巧

俗话说："会说的不如会听的。"倾听担负着由"谈"到"判"，再由"判"到"谈"的中介作用。西方人说：上帝之所以赠给我们每人两只耳朵与一张嘴巴，是希望我们多听少说。这些都说明在谈判中倾听的重要性。

听是语言实现正确表达的基础和前提。谈判中谈判者了解对方的有效手段之一就是听。谈判中的"听"是指听者以积极的态度，认真、专注地听取讲话者的陈述，观察讲话者的表达方式及言行举止，并在恰当的时候进行信息反馈，对讲话者做出反应，以便讲话者进行全面、清晰的阐述，并从中获得有效信息的一种行为过程。

那么，在谈判中谈判者应该把自己置于一个什么样的位置上，以什么样的姿态来听取对方的发言和意见，并达到最佳的倾听效果呢？

（1）倾听中的障碍

在跨国商业谈判里，谈判者需要经常交换信息从而推进交易过程，若有未留意而导致重要消息流失则悔之晚矣。因此，要想听得全面、听得清晰，首先就要了解听的过程中会有哪些障碍，从而在谈判中克服这些障碍，灵活运用听的技巧。

①判断性障碍

一般来讲，人们在听的过程中都习惯于对别人所说的话进行判断、定位、评价，然后再决定是否同意其观点，这是造成不能有效倾听的重要原因。每个人的想法、观点都是不一致的，单从个人的立场出发来判断别人的话，往往会干扰对方的讲话，打乱讲话者的思路，还有可能迫使对方改变其原有的想法，这也就会不可避免地引起对方的防御攻势，对方很有可能会坚持自己的观点，这样就会造成谈判的僵局，导致谈判无法进行。

②少听漏听的障碍

商务谈判是一项既耗费脑力又耗费体力的活动，对谈判人员的体力和智力要求都非常高。如果在谈判期间，谈判者不能得到充分休息，谈判日程较紧，就会造成谈判者在谈判时由于精力不集中而出现少听漏听的障碍。通常情况下，对于谈判者而言，他们的精力和关注的焦点是会随着时间变化而变化的：在开始的时候他们会集中全部的注意力并且充满干劲儿，但随后只会在接下来的几分钟内保持专注并投入工作，通常约占整个谈判时间的8%—13%。在谈判过程中，精力趋于下降，这一阶段约占整个时间的79%—89%。当谈判双方意识到谈判要达成协议时，精力会突然复苏、高涨，但持续的时间也很短，约占整个谈判时间的3%—8%。即使人们积极地听对方讲话，也仅仅能记住不到50%的内容，更何况谈判者在精力无法集中的时候，产生了少听漏听的障碍呢。

③偏见的障碍

在谈判过程中的一些偏见也会造成倾听的障碍。

A. 将别人要说的话定了标准再听

在谈判前，有些谈判者会把别人要说的话定位到某个标准，这种带着偏见的听者往往会在心里判断说话者接下来说的是否为重点，然后根据自己过去的经验把别人的话限制在自己所设定的标准上,也就是说,听者会自以为是地把某些话附加了自己的意思。

B. 由于不能接受对方的外表而拒绝听对方讲话的内容

这种情况通常是因为讨厌对方的着装、行为举止等,因而不想听其讲话的内容。即使对方的话十分重要或有许多值得注意的地方,由于这种偏见,就会导致自己无法获得有用的信息。

C. 伪装的偏见

这种情况是指有些谈判者表面上似乎听得十分仔细,但是心里却是在想别的事情,为了使讲话者高兴而假装自己听得很认真。这种伪装也是一种偏见。而这种伪装往往会造成双方的误会,以致影响双方的沟通。

D. 知识水平、语言能力所致的障碍

国际商务谈判总是针对某一具体业务而言,毫无疑问会涉及大量的专业知识,如果双方谈判人员的专业知识水平不对等,就会形成听的障碍。而且,在语言上的差别也会带来听的不便。比如,我国外贸企业的商务谈判中,如果主谈人不精通外语,往往需要配备专门的翻译,但翻译并不是万能的。由于翻译人员大多是专门学习外语的,对某些商务知识和技术知识及其术语可能并不十分精通,一旦需要对某些技术含量较高的业务进行全过程翻译时,很容易出现对某些细节一带而过,或对商务条款中的细节问题没有翻译完全,而只翻译出大概的意思,实际上有些细节恰恰是双方争夺的焦点和关键,因而语言问题是听力障碍的一个重要方面。

E. 环境干扰形成的障碍

许多种环境因素都可以影响人们注意力,从而造成不同程度的听力障碍。例如,我们必须选择性地聆听某位说话者的发言并忽略另一位,因为我们不能同时听取两人的对话。

(2)倾听的技巧

了解了听的过程中会出现的障碍,要想提高听的效果,就要掌握"听"的技巧,尽量克服倾听过程中的障碍,这里将听的技巧归纳为四个方面。

①精力集中地听

谈判人员在听对方发言时一定要专心致志,全神贯注,防止"开小差"现象。

保持集中精力听取对方发言，若因为疏忽大意未能完全掌握对方的意图或对其含义有所误解的话，可能会导致倾听成效不显著甚至失败。另外，在倾听对方发言时，要与讲话者有目光交流，并作出相应的表情来鼓励说话者。可以微微一笑或是点头表示赞同或是不解地皱皱眉头等，都可以帮助我们集中精力，从而取得好的倾听效果。

在进行跨国商业谈判时，需留心之处在于务必培养耐性并专注聆听对方发言。在谈判之中如遇对手言辞不明或不易接受的状况，切忌表现出无理否定或消极态度，如此做法绝不利于谈判展开，亦为不敬。

②边记边听

一般来讲，人们保存记忆的能力有限，尤其是针对商务谈判这种信息量较大的活动，加上谈判现场的气氛比较紧张，谈判者仅靠大脑记忆是不够的。即使记性再好的人也只能记住一个大概，有的干脆忘得一干二净。所以，如果在对方发言的时候，把重点内容记下来，就可以弥补这一不足。一方面，做简单的笔记可以帮助自己回忆对方所讲，还可以在对方发言之后，针对某些问题提出疑问，同时，可以帮助自己更充分地理解对方讲话的实际含义；另一方面，通过做笔记，可以让对方觉得我方很重视其讲话的内容。因此，做适当的记录对于谈判者来说是必不可少的，也是比较容易做到的，从而避免倾听过程中产生的障碍。

③有针对性地听

通常情况下，人们说话多半是边说边想，来不及整理自己所讲的内容，这就会造成有时想表达一个意思可能会绕着弯子讲了许多内容，单从表面上听，是无法听到重点的。这时，听者要有针对性地倾听，对说话者所讲的内容要进行适当的鉴别，去粗取精，去伪存真，从而抓住说话人的重点，这样才能达到良好的倾听效果。

④防止先入为主地听

先入为主地听是指听者并非从谈判者的角度来分析对方的讲话，而是从自己主观的想法出发聆听对方的讲话。这样常常会导致对方和己方在理解上产生偏差和矛盾，忽略或不重视对自己愿望不利的反馈信息，从而无法得到完整真实的情况。所以说，要成功达成交易或谈话目的，就需要人们克服先入为主的听取习惯，真正理解并分析别人的言外之意和想法。

（3）倾听时需要注意的事项

①不要因抢话、反驳而放弃听的权利

在谈判过程中经常会出现有人急于发言的现象，这不但会使别人思维混乱，也会让自己错过听取对方所说的重要信息的机会。值得注意的是，抢话和询问有所不同；后者是因为需要了解某些信息或者意义不清晰，因此需要对方进行阐释或是确认，这是必不可少的。抢话的意思是对别人的言语进行干预或不公正地代替对方表达，属于一种失礼的表现。所以说抢话常常会妨碍双方的思维与情绪的流通、破坏良好的谈判氛围，以及不公平地对待了聆听者，是不合适的。

此外，未完整听取发言便回应可能会损害谈判效果。若对他人言辞不完全理解就去回击的话，不但会暴露自己的不足之处，还会令自身失去主导权。因此，只有把对方的讲话听得全面、详尽、具体，反驳的时候才能更有力、更充分。

②不要陷入争论

谈判者要注意，当自己内心无法赞同对方的想法时，对他的话不能充耳不闻，但也不能立刻陷入争论之中，最好等对方陈述完其观点，再说明自己的想法。这样做，既不会影响听的效果，又可以做到尊重对方。

③不要回避难以应付的问题

在国际商务谈判中，免不了会涉及一些政治、经济、技术及人际关系方面的问题，这些问题常常令谈判者一时无法回答。这时，谈判者需要做的不是采取充耳不闻的态度，而是要充满自信，积极应对，用心去领会对方提出的问题。另外，平时要注重培养自己急中生智、举一反三的能力，以便在遇到问题时不会自乱阵脚。

从以上所说的几个方面入手，谈判过程中就可以尽可能多地避免"听"的障碍，减少因听不清、没听懂而造成的双方互相猜忌、争执不休的情况。

2."问"的技巧

"问"是一种非常有效的谈判工具，通过提问的方式可以摸清对方的需要、了解对方的心理、驾驭谈判的进程。如何进行提问是很有讲究的。灵活地运用发问的技巧，不仅可以引起双方的讨论，获取信息，还可以控制谈判的方向。一个好的谈判者，往往也是一个提问专家。审时度势的提问容易立刻引起对方的注意，保持双方对议题的兴趣，并且使对方作出己方所期望的回答。谈判者通过艺术的提问可以避免谈判的窘境。

（1）提问的不同方式

商务谈判中的提问方式有以下几种。

①选择性提问

这一提问是就两种或多种答案征询对方意见，让对方根据自己意愿，自主地选择答案。这种提问方式能表达对对方的尊重，有助于形成平等、友好的谈判氛围。比如，"您认为我们先谈什么好？规格、品质，还是交货期？"

②澄清式提问

这是一种特殊的提问方式，主要目的是让对方进一步澄清或补充他们的原先的答复。这种提问方式可以确保谈判各方能在叙述"同一语言"的基础上进行沟通，而且还是针对对方的话语进行信息反馈的有效方法，是双方密切配合的理想方式。其好处在于方向明确、节省时间，一般需要确切地知道与对方有关的某些情况或想法，而对方又有义务与责任提供。比如，"您刚才说我们的合同条款有含混不清之处，请举个例子，好吗？"

③探索式提问

这是针对对方的答复，要求引申或举例说明，以便探索新问题、新方法的一种发问方式。比如，"假如采用新方案，你们觉得怎么样？"它不但可以进一步发掘出较为充分的信息，还可以体现发问者对对方答复的重视。

④多层次提问

这是含有多种主题的问句，即一个问句中含有多种内容。比如，"您能否将这个协议产生的背景、履约的情况、违约的责任，以及双方的看法和态度谈一谈？"这种问句因含有过多的主题而致使对方难以周全把握。许多心理学家认为，一个问题最好只含有一个主题，最多也不能超过两个主题，才能使对方有效地掌握。

⑤诱导式提问

这种问句旨在开渠引水，具有强烈暗示性，使对方在思考与回答时受到启发，从而理解与赞同己方的观点。比如，"已经到期了，对不对？"这类问句几乎使对方毫无选择余地地按照发问者所设计好的答案作出回答。

（2）提问中的障碍

在谈判中，有些谈判者不知如何发问或是所提问题偏离主要议题，这样都将阻碍谈判的进程。所以，要找到阻碍提问的一些原因，防止这些问题的发生，以便所提问题能够有的放矢，一针见血，直击对方要害，通过发问来占取谈判的主动。根据国内外学者的研究，导致提不出好问题的原因主要有以下几种。

①胆怯心理

有些谈判者认为少问问题为佳，因为他们害怕所提的问题会遭到对方的耻笑，或提出的问题会令对方窘迫进而影响双方关系。实际谈判中，如果没有人愿意提问题，那么双方的交谈很难持续。设想对方在陈述完毕后，我方没有人做出任何反应，或低头不语，或面红出汗，对方就会认为双方的交谈不投机，严重时甚至会造成冷场、终止谈判。

②准备不足

准备不充分是谈判中的大忌。如果对于谈判中会出现什么问题、要如何去表达、哪些是关键问题等，在谈判前没有做好充分的准备，那么谈判时必将导致不知如何发问，所提问题的含金量也必将大大降低。这样一来对方就会找到己方的弱点，下一步就会进行强有力的回击，导致己方失去谈判的主动。

③未理解实质

有时候谈判者并未完全理解对方的意思，这就造成了理解的歧义，导致所提出的问题与原问题相去甚远，往往会令对方无从回答，甚至会显得滑稽可笑。这种情况通常会出现在谈判者注意力不集中或调换人员的时候，谈判者一定要注意克服。

④无法将人与事分割开来

一些没有经验的谈判者有时不能将问题和对方的谈判人员分割开来，做不到就事论事。当遇到一些棘手的问题时，所提出的问题就会偏离讨论的轨道，带有人格攻击的色彩，会造成双方矛盾的产生，甚至导致僵局。

（3）提问的时机

选择适当的时机提问很重要，如果时机不对，本来可以解决的问题可能也变得无法解决。有问题必须要选择好的时间，才能收到事半功倍的效果。下面归纳几个适合提问的时机。

①在对方发言完毕后

当对方发言时，不要急于提出问题。打断别人的发言是不礼貌的，会让对方产生反感。这时，可以先把想要提出的问题记下来，待对方发言完毕后再提问。这么做不仅反映了谈判者自身的个人修养，还能够全面地了解对方的想法和主张，防止操之过急而误解对方的意思。

②在对方发言停顿、间歇时

如果在谈判中，对方发言过于冗长，抓不住重点，或者离题太远而影响谈判的进程，此时我方可以借停顿或间歇的时候，向对方提出问题。这也是把握谈判进程、争取谈判主动的必然要求。

③在自己发言前后

在谈判中，当轮到自己发言时，谈判者可以在谈论己方的观点时，针对对方刚才的发言提出问题，这种问题可以不必要求对方回答，而是自问自答，以争取谈判的主动，防止对方接过话茬儿，影响到己方的发言。

（4）提问的技巧

了解了提问中可能会遇到的障碍及提问的合适时机，谈判者就必须灵活运用提问的技巧，来克服提问时出现的障碍，获得更好的提问效果。

①事先准备好问题

在谈判前谈判者可以准备一些问题，其好处在于：一方面预防对方的反问，另一方面让对方看到我方是有备而来。有经验的谈判者常常会先提出一些较容易回答的问题，而这个问题恰恰为随后要提出的问题作铺垫。此时，如果对方思想比较松懈，第二个问题就会让对方感到措手不及，从而收到意想不到的效果。

②不要强行追问

在双方的你来我往过程中，有时对方的回答会不够完整或者对方干脆避而不答，这时谈判者不要强制追问，而要等待时机，待时机成熟再继续追问。这么做既表示了对对方的尊重，也让对方觉得继续回答问题是其义务和责任，自然也就不好推卸。

③把握询问的尺度

谈判者必须注意询问时不要以法官的态度来对待对方，那样做会让对方产生敌意和防范心理。谈判的氛围应该是双方心平气和地提出问题和回答问题。当所提问题对方不感兴趣或不愿展开回答时，谈判者可以转换角度，用十分诚恳的态度来问对方，以此激发对方回答问题的兴趣，同时也有利于双方情感上的沟通。

另外，也不要接连不断地发问，因为那样做会导致对方厌倦、乏味而不愿继续回答问题，连续的发问有时只会得到对方敷衍的回答，甚至答非所问。

④问题尽量简短

提问时，所提问题的句式越短越好，让对方的回答则是长些为好。当我们所提的问题比对方回答得还要长时，我方就会处于被动地位。提问时问题要短要精，不仅要让对方听懂我方所提问题，还要让对方感到我方的优势所在。

以上的技巧旨在使谈判者更好地运用提问的艺术来发掘问题，获得信息，把握谈判的方向，但谈判者万不可将思想限制在这个范围内，还应根据实际情况灵活处理。

（5）提问时的注意事项

①所提问题的选择

谈判中有些问题是不可以提出来的，如有关对方个人生活、工作方面的问题。对于很多国家来说，回避私人问题已经成为一种惯例，对于对方的收入、家庭等问题都不应涉及。另外，也不要涉及对方国家或地区的政党、宗教等方面。在谈判过程中也不要当面直接指责对方道德和信誉方面的问题，这样做不仅使对方感到不快，还会影响彼此之间的合作。

②提问速度的把握

提问时如果语速太快，不仅使对方理解上会产生歧义，在心理上也会感觉到我方是不是不耐烦，从而引起对方的反感；反之，如果说话太慢，就会让对方感到沉闷，同时也降低了提问的力量。所以，在提问时，一定要把握好语速，既要让对方听懂问题，又不会让其感觉到拖沓、冗长。

③对方情绪的观察

在谈判过程中，要时刻注意对方情绪的变化，这对于提问非常关键。如果对方情绪较好，那么就易于满足我方所提出的要求，同时会透露出一些信息。这个时候一定要抓住机会，提出问题，通常也会有所收获。

3."答"的技巧

在国际商务谈判中，回答问题的难度要比提问的难度更大，如果提问不够准确，还可以进一步提问，但如果回答时出现了错误，就很难补救了。所以谈判者对回答的每一句话都负有责任，都将被对方理所当然地认为是一种承诺，要想答得巧妙,谈判者除了要有扎实的专业知识、敏捷的思维和灵活的应变能力外,还要掌握回答的技巧。同样的问题,不同的回答,就会带来不同的效果。一个出色的谈判人员,一定要学会巧妙回答,变不利为有利。

(1)回答的方式

由于商务谈判中的提问五花八门,问题多为对方经过精心设计和准备而提出的,其中可能存在圈套和陷阱。如果对所有问题都作正面回答,不一定会得到最好的结果。因而在谈判中可以采取多种回答方式,灵活应对对方的提问。

①含糊式

这种回答是指对于问题不作准确的说明,给出一个含糊的答案,这么做既可以避免将己方的真实想法暴露给对方,又可以给对方造成判断上的混乱和困难,也为接下来的谈判留下回旋余地。

②局限式

局限式回答就是将对方所提问题的范围缩小后再作回答。有些问题的答案并不是都对己方有利,所以在回答的时候就要有所限制,选择有利于己方的内容回答对方。比如当对方对产品的性能提问时,只要回答产品比较突出的几个性能即可,从而给对方留下产品性能很好的印象。

③针对式

针对式回答即针对提问人的心理,分析其所提问题的真正意图所在,然后按照提问人心里可能假设的答案来回答,这样就比较容易满足对方心理上的要求,切记回答时不要泄露己方的秘密。

④转移式

这种回答方式也是我们常说的"答非所问",即在回答对方问题时把话题引到其他问题上,但这种答非所问必须要在对方问题的基础上自然而然地转移,不要留下雕琢的痕迹。例如,当对方询问产品价格时可以这样回答:"关于价格方面一定会使您满意,不过在回答之前,请先允许我把该产品的性能作一说明。"这样就把价格问题转移到产品性能上,让对方对产品性能有所了解,之后再谈价格,对方就会更容易接受。

⑤反问式

这是一种以问代答的方式,当谈判者遇到一些不便回答的问题时可以采用此回答方式。这么做可以为自己接下来回答问题留有思考的余地和空间。通过反问，也可以了解到对方提问的真实目的。

（2）回答的技巧

回答问题不仅要采取容易接受的方法，还要巧立新意，强化回答的效果。谈判中的回答有其自身的特点，谈判中要根据谈判效果的需要把握关键，明确什么该说，什么不该说，该说的要如何去说，不该说的应如何避免等。在国际商务谈判中回答问题要注意如下技巧。

①回答前给自己留有思考时间

在谈判桌上，当对方提出问题后，并不是回答得越快越好。有些谈判者在对方提问的话音刚落，就急着回答问题。这些谈判者普遍存在这样一种心理：如果当对方提出问题后不能马上给出答案，就会让对方感到我方缺少准备或不知如何作答，只有迅速回答问题，才能显示出我方准备得充分，也显示出我方的实力。其实不然，事实和经验告诉我们，在对方提出问题后，谈判者可以稍加考虑，通过喝一口水、调整一下坐姿或是整理一下资料等来延缓时间，然后再作回答，这么做就会显得更加自然得体，谈判氛围也比较轻松。

②无须彻底回答问题

谈判中，并非所有问题都需要一一作答。当对方所提问题是想了解己方的观点和态度时，己方应视情况而定。在面对必须让对方知道或者表示自身态度的疑问时，应细致周全地作答；然而，对可能损害自己名声或者与谈判话题无关的问题则不必理会，但在回应时要表现得彬彬有礼。总之，回答问题时必须掌握分寸，留有余地。

③对于不知道的问题不要回答

即使我们已经做好了充分的准备工作，但在与对方进行会谈的时候还是经常碰到一些难以解答的问题。这时候我们需要明白一个道理，那就是我们不能一味地固守自身的形象和自尊心来强行回复这些问题。这种做法不但达不到预想的效果，相反还会对自身造成不利的影响。根据以往的经验，我们应该谦虚地承认我们并不完全了解某个问题，并拒绝回答不知道答案的问题，而不是冒失地说出错误的答案，以免因此遭受不必要的伤害和承担不该由我们承担的责任。

④ "重申"和"打岔"有时也有效

在商务谈判中,可以通过要求对方再次阐明所提问题,来为自己争取思考的时间。当对方阐述问题时,可以不必去听,而是尽可能考虑如何作出回答。当然,当谈判者需要这么做时,不能让对方有所察觉,防止其更大力度的进攻。

另外,通过打岔也可以为我们赢取更多的时间,必要时,也不失为一个好办法。一些谈判经验丰富的谈判者会事先安排好某个人,当谈判中遇到某些自己难以回答又必须回答的问题时,就会让那个人在此时打岔。打岔的方式有很多种,比如可以让其出去接个紧急电话或是有重要文件需要去签字等。回答问题的人也可以自己借口去洗手间或是打电话,以此来拖延时间。

总而言之,在谈判过程中回答问题主要是为了获取更多的对方信息和判断其实力程度,尽可能不提前泄露自身真实情况,从而掌握局面的主导权、防止无谓的争执产生。所以说,想要在谈判中取得优势地位并保持不被击倒,就需要锻炼好自己回答问题的能力。

4. "叙"的技巧

叙述与回答不同,叙述并非针对提问而言,而是一种不受对方提问的方向、范围制约,主动阐述己方观点、传递信息、沟通情感的谈判方式。因此,谈判者能否正确运用叙述的技巧,把握叙述的要领,都会直接影响谈判的效果。

(1) 叙述的类型

谈判过程中的叙述可以分为开局叙述和过程中的阐述两部分。

①开局叙述

开局叙述是指谈判各方的第一次观点陈述。叙述由双方寒暄引出,并未涉及谈判的实质内容,主要介绍谈判双方的观点、参加谈判的基本立场及要求。通过这些内容的说明,可以使对方了解己方的观点,从而在此基础上寻找双方利益的共同点,使谈判朝着成功的方向发展。

②谈判过程中的阐述

这一部分主要是根据每一阶段谈判双方所交谈的结果作相应陈述。对于已达成共识的观点进行确认,并且提出新的内容,这样的叙述不仅对已有的成果进行了肯定,还为接下来的谈判奠定了良好的基础。谈判人员要做到所叙述的内容切题、中肯、观点鲜明,还要留有余地。

（2）叙述的技巧

了解了谈判中的叙述由开局叙述和过程中的阐述两部分构成，那么叙述的技巧也将从这两部分着手，分析在不同的叙述情境下如何运用适当的技巧，来推动谈判的进程，并达到更好的谈判效果。

①开局的入题

在谈判双方刚进入谈判场所时，谈判者不免会有一些拘谨，为了不影响谈判的融洽气氛，谈判者可以采用迂回入题的方法，如从题外话入题。这里的题外话可以是天气情况、目前备受关注的社会新闻、较为流行的事物等；从介绍谈判人员入题，通过简单介绍己方谈判人员的职务、经历等来打开话题；从自谦的角度入题，即可以谦虚地表示己方照顾不周，谦称自己才疏学浅、缺少经验、望对方多多指教等。需要注意的是，自谦一定要适度，不要给对方造成虚伪或缺少诚意的印象。

另外，谈判者还需了解，对于一些大型国际商务谈判，由于洽谈的问题千头万绪，往往要分成若干等级进行多次谈判，这时就要遵循先谈一般原则问题，再谈细节问题的思路，等到原则问题达成了共识，细节问题也就有了依据。还有，在每次具体的谈判会议上，双方要先确定本次会议的谈判议题，然后从该议题入手进行谈判。这么做可以避免谈判时无从下手，提高效率。

②开局的陈述

当己方作开局陈述时，表达清楚这次谈判需解决的议题和希望获得的益处，并简单提及过去合作中的成就以及表明对于对方的信任度，还可以表示己方愿意采取任何方式来促成双方共同获得利益的目标。另外，开场陈述要简明扼要，让对方明白己方的意图，以创造良好的谈判氛围。

当对方作开局陈述时，己方谈判者应当能容忍对方言辞冗长且多变，仔细聆听其观点重点并清晰掌握所言之大意。当双方看法有极大差异甚至发生明显分歧时，进行谈判的人应当给予对方充分的表达空间并耐心聆听其论述，而不是急于反驳或中断发言进行争辩，然后给予一定的肯定态度，再巧妙地转开话题，从侧面进行反驳。

③语言的使用

首先，叙述的语言要准确易懂，使对方能够听明白。有时可能需要用到一些专业术语，叙述者应尽量以简明易懂的用语加以解释。注意，叙述的目的是让对方相信己方所言内容均为事实，并尽可能使其接受己方观点，所以谈判者不可以借助叙述来卖弄自己学问的高深、炫耀自己学识的广博，这样做只会让对方产生反感。

其次，叙述的语言要简明扼要，具有条理性。通常来讲，人们有意识的记忆能力有限，在短时间内只能记住一些有特色的内容。所以，阐述观点时，语言的条理性一定要强，如果信口开河、不分主次，则不仅不能使对方抓住要领，还会阻碍谈判进程。

再次，叙述的语言要富有弹性。对于不同的对手要采用不同的语言方式。如果对方谈吐举止优雅，很有修养，己方的语言也要十分讲究、得体；如果对方言语比较朴实，那么己方的叙述也不必做过多修饰；如果对方语言爽快、直接，那么我方也无须迂回、委婉。总之，谈判者要根据对方的语言风格、气质特点，来及时调整己方的用语，从而缩短双方的谈判距离，增强双方的感情交流。

④错误的纠正

谈判人员常常会在谈判中，由于种种原因而出现叙述的错误，谈判者必须及时加以更正，防止造成严重的后果，给己方带来损失。有些谈判者，当叙述出现错误时，碍于面子不愿纠正其错误，而采取顺水推舟、将错就错的做法，这在谈判中是坚决反对的。因为这么做往往会造成对方的误解，影响谈判的顺利进行，同时也会有损自己的信用和形象，甚者可能会导致谈判的破裂，后果不堪设想。

5．"辩"的技巧

在谈判中，当双方为了论证己方的观点、立场或是出现僵持、对立的局面时，可以通过辩论的形式来表达。在辩论中要充分运用听、问、答、叙等技巧，通过辩论将对立的问题展开并加以解决。双方谈判人员在辩论时可能会短兵相接，因此谈判人员反应要快，语言要简洁，尽量把握时间，这样在辩论中才能占据优势。谈判中的辩论就是语言与思维的综合运用，具有较强的技巧性，掌握辩论的技巧至关重要。

（1）辩论的原则

谈判中的辩论不是无谓的辩解、空洞的议论、无理的纠缠，而是需要遵循一定的原则，有一定的根据，这样才能在辩论中发挥己方的优势，找到对方的弱点，从而解决问题。

①论题要清楚

如果论题不明确，双方是无法进行论证的。有时可能某一方为了某种企图，故意将论题进行含糊处理；或者对所要论证的问题考虑得不是很成熟，没有形成明确的观点。这时，为了使论题清晰明了，就要详细了解论题中所包含概念的内涵与外延、论题的真假条件等，然后对论题作出判断。

②论据要真实充分

辩论不是为了激怒对方，而是要根据己方的论据讲清理由，说明问题。需要谈判人员从实际出发，做好材料的选择、整理和加工工作。辩论的论据一定要符合观点的要求，否则会给对方留下把柄。另外，论据一定要真实、权威，任何不确切或未经证实的论据都会给对方带来可乘之机。

③辩论要遵守逻辑规律

谈判中的逻辑性，一是指事物本身的内在规律性，二是指谈判人员思维的逻辑性。在辩论中，同一个对象要保持自身的统一，这就要求谈判人员观点明确，言语恰当，推理符合逻辑规律。而且，对于同一个问题，在表明自己的看法时，不能模棱两可，理论与论断之间要有必然的联系。这样，才能做到有逻辑性，有说服力。

（2）辩论的技巧

"辩"是最能体现谈判特征的，它具有谈判双方互相依赖又相互对抗的二重性。作为一名谈判人员，要想训练自己的雄辩能力，在商务谈判中获得良好的辩论效果，应注意以下几点有关"辩"的技巧。

①把握大方向，不纠缠细节

在辩论过程中，谈判人员一定要把握大局和大的前提，遵循大的原则，目光要有战略性，表现得要洒脱。避免在小细节上与对手较劲，在大事情上聚焦且主导局面，不可被对手所左右。反驳他人看法的时候必须精准犀利、有的放矢，此外不应蛮横强辩或中伤他人。

②掌握进攻的尺度

虽然这是辩论，但首要目标是验证自身立场的正确性，以及驳斥对手观点的不妥当之处。若达成此目标，则应停止进一步攻击对方的观点，以避免咄咄逼人的姿态。倘若双方在交流谈判中逐渐升级压力逼迫对方达到极限时，极易引发紧张关系并出现恶意行为或不配合的情况，这样做非常不利于谈判的进行。因此，把握辩论的尺度是谈判人员在辩论过程中必须考虑的问题。

③态度要公正，措辞要准确

在任何谈判场景下，即便双方意见不一且关系紧张，遵守文明礼貌也是必需的。在这种情境之下，应该采取公平合理的态度去沟通交流，同时也要避免使用有损他人名誉和尊严的话语。假如一方违反这个原则的话，就只会导致自己声誉受损、降低谈判素质以及减弱谈判能力。这样的行为对谈判是毫无益处的，甚至会引发谈判失败。

④灵活处理优劣势

在辩论过程中，经常会出现在某一阶段一方占优势、另一方居劣势的情况，当谈判人员处于两种不同的状态时，一定要学会处理辩论中的优劣势，这也是衡量商务谈判人员是否合格的一个重要标准。

当己方处于优势状态时，谈判人员一定要抓住机会，以优势压顶，并借助语调、手势的配合，渲染己方的观点，从而维护己方的立场。但不可在己方处于优势时，表现得过于轻狂、张扬和得意忘形，要提醒自己：优势和劣势都是相对而言的，也是可以转化的。相反，当己方处于劣势时，也不可沮丧、泄气、慌乱不堪，这样做对于挽救己方的劣势毫无帮助，反而会让对方变本加厉。作为谈判者，此时一定要沉着冷静，从容不迫，积极思考对策，寻找转败为胜的机会，这样才会对对方的优势构成威胁，扭转不利的局面。

⑤注意举止和气度

辩论中，谈判人员的举止、气度很重要。良好的举止和气度，不仅会在谈判桌上给人留下好的印象，在一定程度上还可以影响辩论的气氛。但有些行为，如指手画脚、唾沫横飞等，都是举止不当的表现，更无气度可言。所以，谈判人员在个人举止言行一定要多加注意。

（3）辩论中应注意的问题

在跨国商业谈判里，为达成协议的目的应尽量不采取下列几项做法。

①以势压人

在谈判中应该避免带有等级观念，应冷静理性地说服对方并保持尊重，而不能表现傲慢自大的态度，更不要滥用职权，这些会阻碍会谈的顺利展开。

②歧视揭短

在处理国际商业谈判时必须做到不分国界、不论社会制度和民族差异，不存有习俗与文化的偏见。一切平等对待是必要的。

③本末倒置

不要把谈判看作一场竞争谁更优秀的比赛，应该努力不去纠结于无意义的细枝末节。如果执意如此的话，将会陷入与根本问题渐行渐远的窘境，而这种状况会剥夺双方宝贵的精力和时间，也势必会导致未知的糟糕后果发生。

6."说服"的技巧

在谈判过程中鼓励他人认同自身意见并达成协议的过程被称为"说服"。该工作需要克服难关且充满挑战性，同时也要发挥高超的技能和策略思维以实现目标。因此，一个成功的人际谈判离不开优秀的说服能力。

在日常生活中人们总会感受到，相同事情由不同人负责时将会产生完全不同的后果。有时即使确信自己是对的，也难以让对方接受我们的想法，更糟糕的是，常常会被他人反客为主地证明给我们看。为了能够成功劝服他人，除了表达清晰的观点外，还需要运用恰当的策略。这也是谈判人员需要掌握的技能之一。

（1）说服他人的条件

要成功说服他人必须展示双方的真实观点，而采用威胁或欺骗手段则可能引起争执和不和。实际上，这种方式并不能真正地让别人接受自己的观点。在交流中要想说服对方，谈判者需要通过运用个人的情感和理性思考能力，同时也要遵循一些基本的劝说技巧。

①良好的动机

说服对方的目的不是损害对方的利益，而是考虑双方的共同利益，这样做才会使被说服者认识到，接受对方的观点是不会给己方带来损失的，从而在心理上接受对方的观点。否则，即使对方可能迫于环境或己方的某种压力接受了己方的观点，也会造成"口服心不服"，并以此作为日后攻击己方的武器。

②真诚的态度

在进行谈判的过程中，以互相合作的态度为原则来讨论问题并达成共识是非常重要的，同时要注意对方的尊严、想法以及情感上的需求，在言语或行动上表现出真诚的敬意和责任感。对那些被说服的人来说，相同的言语若是出自朋友之口，他们就会觉得是出于好心、很易接纳。然而，当处于对立的时候，说出事实真相可能被视为恶意并不被接受。所以，向对方表达自己的真正想法需要保持诚实和坦率。

③友善的开端

谈判者要想说服对方，首先要给对方一个良好的印象，以友善的方式提问有助于让对方理解，我们的目的是帮助他们解决问题而非任意表达自己的看法。应力求在磋商时充分准备、仔细思虑并提出明智的观点；同时需要温和且友好地表达自身观点，起到感化对方的效果并且令其对自己的建议感到满意。

（2）说服的技巧

任何一位想劝说他人赞同己见者都期望能够达成目的，然而若缺少恰当的策略或手段、在没有足够保障的情况下盲目行事则可能事倍功半。许多人常陷入说服的误区是，以为只要讲得冠冕堂皇且准备了大量理由，就可以成功地说服对方；也可能是自认为具备领导才能及权威性，使用教训的语气告诉别人应如何行事；还有一些人喜欢在任何时候、任何情况下都对他人进行批评，并强迫其认同自己的观点。然而这些做法并非恰当的。

①说服的一般技巧

第一，应从对方的立场去讨论问题而不是只有我方的意见。因为想要说服别人必须要考虑他们的看法或其背后的动机是什么，这样可以让他们觉得我们是他们的同路人。只有这样才能赢得信任并获得对方的认可，让其感受到我们时刻在为他们的利益考虑，这样才能取得良好的成效。

第二，避免在交谈开始时产生怀疑或否定对方的氛围，以免让其陷入不认同或不愿意的境地，并且避免以指责说服的方式进行谈话。当试图说服某人时，要将他们视为有能力解决此问题或有兴趣了解这个问题的对象。例如："我明白您可以妥善处理这一问题"或"相信您对于此事非常有兴趣"等话语表达方式。实践证明，在与他人交流时采取积极的导向方式，能够增强他人的自信并促进其听取自己的建议和想法。

②说服顽固者的技巧

在国际商务谈判中，多数谈判对手都是通情达理的，但也不免遇到固执己见、难以说服的对手。对于后一种人，人们可能常常感到束手无策，无法沟通。其实他们很大程度上是性格所致，并非不讲道理。只要抓住他们的性格特点，掌握他们的心理状态，采用适当的说服方法，是可以说服他们的。

A. "下台阶"法

倘若遇到自尊心过强的人不肯认错，我们可以提供一种缓兵之计，称赞一下对方的优点或分析其失误的原因，这可以让其心境得到一定程度上的平衡与宽慰。如此做，他会觉得不致有失体面，从而更容易妥协于好意相劝。

B. 等待法

一些人或许不容易被说服，但可静观待变。即使他们目前并未变更立场，我方所说之话与我们表现出来的态度，仍会被其深思熟虑并在未来回味总结。暂无行动并不等同于妥协或退却，应给予别人足够的时间去考虑与选择。同时，劝说别人的技巧同样在于耐心等候、适时而发，过急行事难免会引起反感，而到了水到渠成的时刻再来沟通交流，或许能够事半功倍且取得更好的成效。

C. 迂回法

在说服对方时，如果正面的道理很难使其接受，就要暂时避开主题，谈论一些对方的看法，让对方感觉到我方的话对他而言有用，这样再逐渐把话转入主题，他就会更加冷静地考虑我方的意见。

D. 沉默法

当面对那些难以回答或无理可喻的问题时，选择沉默或是将其忽视是一种明智之举，提问者没有得到重视而自己产生了乏味的感觉，也许会认为自己的问题没有道理，从而放弃自己的立场，这就是通过沉默法说服对方。

7. "拒绝"的技巧

在谈判过程中，对方的有些条件对己方非常不利，接受这些条件会给己方带来较大损失，在这种情况下，拒绝对方的条件便是己方的唯一选择。需要说明的是，在谈判中拒绝接受对方的条件仅仅是解决问题的手段，而不是谈判的目的，目的是通过拒绝对方，使谈判朝着对己方有利的方向发展。掌握拒绝的语言技巧是每个谈判者应该认真研究的课题。

（1）谈判拒绝的方式

为了使谈判朝着对己方有利的方向发展，在采用拒绝的手段时，要做到既能拒绝对方的要求，又不致使对方产生抵触情绪。为此，必须了解谈判拒绝的各种方式。

①直接否定式

即在拒绝对方的要求时采用明确肯定的言辞。例如,"您提的这个条件无论如何我们是无法接受的。"这种拒绝方式没有任何回旋余地,它只适用于对方条件十分苛刻的情况。如果对方的要求虽高但并不是不能协商时,就不宜采用这种方式。

②态度诚恳式

即在谈判中利用一些客观理由来拒绝接受对方的观点或条件。例如,"您想降价的心理是可以理解的。但由于产品成本上涨了15%,再降价我们就蚀本了。"物价上涨是人所共知的客观事实,拒绝降价便有理有据,很容易被对方理解和接受。

③寻找借口式

即在谈判中寻找一些主观理由拒绝接受对方的观点或条件。例如,"您提的这个条件很好,但我单位的购买规定不允许接受这个条件。"这种方式中寻找的借口都是一些主观理由,如组织原则、规章制度、个人权限等。这些借口对方很难弄清其真假,因而也容易得逞。

④利用建议式

即在谈判中一方面拒绝对方的要求,另一方面又提出解决问题的新办法。例如,"您降价的要求我们实在难以接受。但我们可以用不影响您使用的另外一种规格的产品来代替。"由于在建议中提出了新的条件,使对方把思路转到了对新问题的思考上,便很容易使自己摆脱困境。

⑤提出问题式

即在谈判中通过向对方提出问题让其回答,使对方认识到所提问题的过分而自动放弃原来的要求。例如,"根据您提的条件,贵方的利润将是多少,我方的利润又是多少呢?"这种方式的特点是变己方的拒绝为对方的自动放弃,在使用中效果极佳。

(2)谈判拒绝的技巧

谈判中拒绝的技巧主要有以下几点。

①态度诚恳

为了使被拒绝者能够理解自己的心情,在拒绝时必须态度诚恳,使对方知道我方确实尽力了，但又实在无法满足其要求，这样拒绝起来就顺理成章。因此，在拒绝对方时必须给人一种经过认真考虑，而又确实无法做到的感觉。

②观点明确

为了使拒绝能达到应有的效果，必须使对方能明白无误地了解我方拒绝的意思，以免使对方产生误解。为此，拒绝中要打消对方的幻想，尽管态度可以诚恳，措辞可以委婉，方式可以多样，但观点必须明确，不能用含糊的托词，更不能默不作声。这样做对方会认为是同意，是默许，也就为以后的谈判设置了障碍。

③措辞委婉

拒绝对方观点时，措辞要委婉，不能用教训、嘲弄、挖苦的言辞拒绝对方。这样做，一方面可以显示对被拒绝者的尊重，另一方面被拒绝者也容易接受。这里，措辞上的委婉不是指辞藻的华丽，而是指以理服人。因此，在拒绝对方时必须把措辞和拒绝的理由有机地结合起来，使理由显得更充足，使措辞显得更有说服力。

④方式得当

前面讲了多种拒绝的方式。在谈判拒绝时究竟采用哪种方式，要根据谈判者、谈判环境、谈判话题等多种因素确定。当有明显的客观理由时，运用态度诚恳式是再好不过的；但当客观理由不足时，寻找借口式可能成为拒绝方式的最佳选择。总之，在方式的运用上要灵活得当，使它更好地为取得有利的谈判成果服务。

在进行评判的过程中，人们往往会无意识地去做对比，并在需要使人同意某些事情的时候，使用相反的例证以达到自己的目的，这是由于人性的本能使人们偏向于选择容易的事情，避免那些具有挑战性并难以实现的选择。

总之，国际商务谈判中双方各自的语言，都是表达自己的愿望和要求的。当用语言表达的这种愿望和要求，与双方的实际努力一致时，就可以使双方维持并发展良好的关系，如果双方的愿望或要求用不恰当的语言来表达，就会导致不和谐的结果。

二、国际商务谈判中的非语言沟通

在国际商务谈判中，谈判者要想顺利表达出自己的意思，除了好的语言表达外,还需要有非语言表达的配合。在理解对方的谈判意图时,也需要借助非语言的沟通,从而达到更好的谈判效果。一般来讲,非语言表达主要是指谈判人员的行为语言,诸如通过面部表情和身体姿势来加强或否认语言沟通的效果,它也是反映谈判者心理状态的一种重要指标。谈判者需要学会运用非语言的表达形式进行沟通、交流,以便促成谈判的顺利进行。

(一)非语言沟通的特点

非语言信号所表达的信息往往很不确定,但常常比语言信息更具有真实性,因为它更趋向于发自内心,并难以掩饰。有人认为非语言沟通的重要性甚至超过语言性沟通。一般认为非语言沟通有以下几个重要特点。

1. 广泛性

肢体语言表现的范围十分广泛,从人们的喜、怒、哀、乐到人们的惊、恐、静、急,几乎无所不包。例如在谈判交往和传情达意方面,人们在很大程度上要依靠肢体语言,如面部表情的兴奋或悲哀、情绪表现上的志得意满和消极绝望等。

2. 直观性

在人们的语言交流中,口头语言作用于人的听觉器官,并不具有视觉的可感性。而肢体语言则能给人以更形象直观的感觉。例如,当谈判者的身体和面部表情显得轻松时,这可能意味着他对这次谈判不感兴趣。此外,若谈判者面对众人时采取双手交叉于胸、低下头并遮挡目光以避免和别人对视,说明他不太适应这场谈判。除此之外,若是经常地抚摸衣带或衬衫领子,那或许就是需要赶往别的事务地点了,急于脱身;而当做出耸肩抬头的姿态可能是被环境所触发,活力充沛。透过以上种种肢体动作,都可直观地感受到谈判者的态度和心境。

3. 依赖性

依赖是指某种表情与动作在不同的情况下会有不同的含义。比如同是瞪眼,就有可能表示愤怒、好奇、吃惊、仇恨、无奈等。如果离开了一定的语境及口头语言,就有可能对肢体语言表达者的真实含义产生误解。所以,肢体语言又有依附于语境和口头语言的特点。

4. 准确性

人们对有声语言和书面语言信息的反应,一般是按常规进行的,当事人可以事先设计和有意掩饰，这往往容易给人留下虚伪的印象。比较之下，肢体语言大多是在无意识状态中发出的，因而所传递的信息就较为准确可靠。例如，对方说毫不介意，而表情上却流露着局促不安；对方说要请吃饭，却以肢体语言表达要送客；当向对方提出条件时，他嘴上说"我们会认真考虑贵方建议的"，而动作却是双臂交叉胸前或狠狠掐灭烟头，其真实的内心想法已暴露无遗。由此可见，人们不仅可以借助肢体语言辨别出口头语言所未能表达的态度与意向，而且可以用它来验证言辞信息的真伪。

5. 差异性

由于民族文化习惯之间的差异，人们对同一情感和同一肢体语言的表达与理解存在着很大的差别。例如，同是见面打招呼，中国人是双方握手或点头以示问好，欧美人是以拥抱和亲吻的方式进行，日本和韩国人则盛行鞠躬，东南亚佛教国家是以双手合十来表现。大多数国家和民族以点头表示赞成、同意，以摇头表示反对、不同意，但保加利亚人、尼泊尔人、某些非洲部落和我国的独龙族人却相反。阿拉伯人认为相互推挤的动作表示有福同享，而美国人对此非常反感。中国人把跺脚当作生气的表现，而法国人则认为是叫好。阿拉伯人喜欢触碰同伴，甚至去抚摸和闻嗅对方以示亲切；而英国人则重视双方保持严格的空间距离。总之，肢体语言在各个国家、地区和不同民族的运用中差异很大，必须认真对待，以免造成误会。

（二）非语言沟通的作用

非语言的沟通主要指行为语言，谈判者要想了解和掌握行为语言，首先要明确行为语言沟通的作用，这样才能将行为语言运用自如，把握得当。行为语言在国际商务谈判中发挥着十分特殊的作用。

1. 代替作用

非语言沟通在谈判中可以代替语言所要表达的内容，尤其是在谈判者不便用语言传递信息或是语言不能表达谈判者意图时，非语言沟通是最好的选择。另外，在某些情况下，可能采取的语言表达不合时宜或者对方难以理解时，采用行为语言的方式，能够取得更明显的效果。

2. 补充作用

非语言沟通可以更好地诠释语言行为，使语言表达的内容更丰富。非语言的动作在不同程度上会起到增强力量、加重语气的效果。比如，当对方在听话时，不自觉地手摸桌子或背往后仰，多半表示对谈判者所讲内容不感兴趣，如果对方在讲话时慢慢握紧拳头，则表示其态度坚决、下定决心等。

3. 调节作用

如果谈判的环境、对象发生变化，就会造成谈判者心理上的不适应。这时，就可以通过非语言的行为进行调节，使参与谈判的主体能够尽快恢复正常状态。例如，当谈判人员在情绪上产生厌倦、紧张、无聊等心理反应时，可以通过喝水、咳嗽、深呼吸等动作来调节一下，以便转入正常的谈判状态。

非语言沟通在传递信息时也有其固有的局限性，如同一动作可以传递不同信息，不同的动作可以传递相同或相似的信息等。这些现象的存在给谈判主体对非语言动作的正确理解带来一定的困难。特别是在国际商务谈判中，由于谈判双方受文化背景、风俗、性格、经历、地域、社会制度等诸多因素的制约，非语言沟通具有明显的障碍性。所以，谈判者要根据不同的谈判对象、具体的谈判环境使用和理解非语言沟通，使其在国际商务谈判中有效地发挥作用。

（三）非语言沟通的符号

非语言沟通的符号主要是指谈判者通过表情、动作、手势等方式来表达含义的符号。这些符号可以反映谈判者的内心活动，传递丰富的信息。谈判者要想完成信息的交流，必须借助于这些谈判的符号，没有它们也就无所谓沟通。国际商务谈判中的非语言符号主要有以下几种。

1. 默语符号

默语符号的主要表现形式就是停顿语，即谈判者通过句子中、句子之间的空隙来传递信息。在国际商务谈判中，它是一种较为高超的非语言传播方式，可以通过简单的形式表达出丰富的内容。当然，其确切的含义也必须与实际的谈判环境联系起来考虑。例如，当谈判时，发现对方有疲劳之意，谈判者就可以通过有节奏的停顿来吸引对方的注意力；当自己陈述观点时，可以加大说话的力度等。因此，谈判者在双方沟通时，要注意发挥停顿语的作用。另外，使用停顿时要把握好尺度，不然会给对方一种矫揉造作的感觉。

2. 体语符号

体语就是指谈判者的身体语言，包括谈判者的表情、动作、姿势等一系列无声语言。对于谈判者来说，在特定的条件下，一方面要对自身的体语加以控制、调整，并辅助口头语言完成谈判的任务；另一方面，还要通过观察对方的身体语言，来了解对方真实的态度和意图。体语所表现的范围极广，使用的频率也很高。下面介绍几种常见的身体语言。

（1）首语

首语就是通过谈判者头部的活动来传递信息，在国际商务谈判中最常见的就是点头和摇头。点头一般代表肯定，谈判者在欣喜、赞同、有兴趣时，常常会做点头的动作，而摇头的意思恰恰相反。

需要注意的是，由于文化的差异和风俗习惯的影响，不同国家的表达方式也会有所不同。例如，当表示肯定时，巴基斯坦人会将头向后一仰，然后再靠近左肩；保加利亚人则是先将头往后倒，然后向前弹回；土耳其和阿拉伯人一般是将头抬起。由此可见，不同国家、不同地区身体语言的表达也是有差异的，谈判人员一定要多加了解。

（2）手势语

手势语就是指通过手及手指的活动传递信息。谈判者既可以通过手的动作把自己的想法传递给对方，也可以解读对方的内心活动或心理状态。人的手比较灵活，是传递信息的有效方式，也是谈判中辅助语言的最好手段，它可以使语言表达更贴切、更恰当。通过手势语可以加强谈判者的语气，也能振奋对方的精神。另外，手势语还可以反映谈判者的情绪，如果看到谈判人员不停地搓手，则表明其很为难；握拳则表示下定决心或是存在不满等。

（3）身态语

身态语是指谈判者身体的静态姿势所传递的信息。不同的坐姿能够反映谈判者不同的心理状态：深深坐入椅内，腰板挺直，表明谈判者想在心理上表现出一种优势；谈判者如果抖动脚尖或腿部，则表明其内心存在着不安或是轻松；交叠双臂而坐，多代表一种防范性的心理；张开腿部的坐姿，则代表自信、豁达。注意，谈判中要尽量避免跷二郎腿的坐姿或身体七歪八斜，因为这些都会有碍于谈判的顺利进行。

（4）目光语

目光语主要是指通过眼神及眼睛的动作来传递信息。在谈判中，眼神的交流是最直接的也是最有效的，谈判者必须善于观察对方的目光，并从中推断出对方的真实情感。一般来讲，高兴时目光较为明亮；失望时，眼神黯淡，目光较为呆滞；愤怒时，眼睛会张大，眼神严峻。总之，不论谈判者所讲的话传递出什么情感，眼神的流露都会与之匹配。下面介绍几种通过不同的标准来判断目光语的方法。

①根据凝视讲话者时间的长短判断

在正常情况下，人们交谈时，人的视线注视对方的时间要占全部谈话时间的主要部分。如果注视的时间大于这个平均值，则可以认定听者对说话人要比谈话内容更感兴趣；若注视时间低于这一平均值，则表示听者对于说话者和谈话内容都不怎么感兴趣。如果在倾听对方说话时，根本不敢注视对方，则表明其在试图掩饰什么。

②根据眨眼频率判断

通常情况下，一般人每分钟会眨眼5—8次，每次眨眼一般不超过1秒钟。如果谈判者在1秒内连续眨眼数次，则表示其对某事物十分感兴趣；有时也可认为是羞怯的表现。如果眨眼时间超过1秒钟，则说明对方可能表示厌烦，不感兴趣；或是表示自己比对方有优势，因而不屑一顾。

③根据瞳孔的变化判断

当人处于喜悦或兴奋的状态时，眼睛往往炯炯有神，此时眼睛的瞳孔就会放大；而人在消极、防范或愤怒的时候，目光就会无神，此时瞳孔就会缩小。有些有经验的企业家、政治家，常常会使用有色眼镜来隐藏自己的瞳孔变化，以免被对方发觉，如果发现有人在谈判时戴上有色眼镜，需要保持警惕心，因为他可能是一位经验丰富的谈判者。

3. 类语符号

类语符号是一种没有明确含义却能够发声的语言，它包括语调、重音、笑声等表现形式。语调在谈判中起着重要作用，不同的语调传达不同的意思。除了语调，谈判者还会故意重读某句话或词组，这就是重音的运用，通过重音可以加强语气，或是突出谈判者所要表达的内容。笑声也是传递信息的重要手段，谈判者也要学会从不同的笑声中猜测对方的真实意图。

三、国际商务谈判的文字处理

国际商务谈判中的文字语言即书面语言,是一种无声语言,贯穿于谈判活动的始终,是一种特殊的也是非常重要的谈判语言,因此需要在谈判开始之前对文字处理工作提起高度重视。

(一)文字处理的特征

1. 客观即时

商务谈判中任何一个环节的文字处理都要及时、准确、精练,如实完整地反映谈判过程中的全部内容。商务谈判的文字记录和处理不需要像文学作品那样去构思、成文、修改、最后定稿,而是要求能够如实反映、笔录灵敏、效率超高,使文字处理结果为谈判双方认可并具有约束力。

2. 格式固定

商务谈判中文字处理的内容均属应用文范畴,一般都有固定的格式。比如商务信函大致由8个部分组成,即信头、日期、收信人姓名和地址、称谓及客套语、正文、信尾、结束礼词和署名。如果缺一项,就会给收信人带来问题。协议书、合同更是如此。

3. 语言质朴

除记录、备忘录外,商务谈判其他内容的文字处理要求质朴、准确、简明。所谓质朴,是指文字语言表达必须实事求是、直截了当,不追求辞藻、不咬文嚼字、不堆砌词语、不做文字游戏、不过多描绘。准确是指文字不含糊其辞、不模棱两可,否则会造成相反的结果而贻误事情。简明是指语言精练、准确,双方的理解或解释不存在歧义。

4. 时间性强

商务谈判的文字处理与一般行文的主要区别就是它具有很强的时间性。因为这些文字内容具有按法律规定约束双方行为的作用,也是处理日后合同纠纷的依据。如签订书面合同的依据,主要是来往的函电和谈判、磋商后的记录及备忘录,因而函电的时间、谈判的时间、出席人数等就成为处理合同纠纷的重要依据。

（二）文字处理的原则

1. 实用性原则

实用性原则是指无论在商务谈判哪一环节，文字表达都要简明、易懂，直接服务于谈判，有助于谈判过程的加速，直至合同契约的形成，并以此作为双方遵守、执行的凭证，起到规范和约束谈判双方经济行为的作用。因此，实用性原则要求这样的文字处理必须使用大众化的语言、专业名词术语来真实、简洁地反映谈判全过程。

2. 可靠性原则

可靠性原则是指谈判中达成的文字协议所依据的材料、情节真实可靠。具体包括谈判中的情况、资料所涉及的数字（销量、价格等）等必须真实可靠、合法，做到情况全面、事实清楚、数据准确、依据充分，这样所签协议、合同才具有法律效力。

3. 准确性原则

准确性原则是指表达方式的选择要恰当，内容的反映要准确可靠。商务谈判文字表达是否准确，将直接关系到谈判双方的切身利益及谈判能否成功。

商务谈判中的文字表达是否准确，主要取决于其表达方式是否符合文章样式的需要。如记录讲求实用，而不是"流水账"；签订合同要概念明确、判断恰当、推理合乎逻辑；使用简称要坚持约定俗成的原则，避免牵强与武断；文字书写要符合国家统一的规定标准，简化字要符合规范，不得随意自选；明确地区分"增加了""增加到"等概念含义；正确使用标点符号等。

第三节　国际商务谈判障碍及策略

几乎每一种文化和群体都有一套规则规范其成员的行为，但即便我们对各种文化模式了然于心，也很难确保万事大吉，依然难免在跨文化沟通中做错事、会错意、冒犯他人，造成谈判中的障碍。

一、国际商务谈判中的障碍

在国际商务谈判中，企业双方具有不同的价值观、信念、工作态度以及工作方式，这可能导致在商务谈判期间文化障碍的产生。根据德国学者帕特里希亚的研究归纳，国际企业商务中的跨文化差异主要表现在以下几个方面：

（一）自我文化中心带来的谈判障碍

国际企业商务合作的过程中，由于参与人员来自不同国家和种族，其经济、历史和文化背景不同，其中某些商务人员可能具有某种优越感，因而产生国际商务文化冲突。不同文化背景的商务工作者，如果自认为自己的文化价值体系优越，坚持以自我为中心的管理方式，对待与自己不同文化价值体系的商务人员，必然会导致商务合作失败。

（二）行为习惯差异带来的谈判障碍

由于谈判双方的行为习惯受文化、习俗、经历等影响会产生很大不同，因此商务谈判中很容易产生矛盾和冲突。例如，在中国，人们常常在饭桌上谈生意，但是在西方，"饭局"仅仅是一种生活和沟通感情的方式。

（三）语言形式和内涵差异带来的谈判障碍

语言是人们认识世界的基础，无论是哪种语言，其词汇都无法涵盖所有事物，而词汇量的有限性则会制约使用这种语言的人对世界的理解能力。语言不仅是构成人们通过思维观察的事物的要素，更是文化形式形成的决定性因素。跨国公司在经营过程中，往往会因为语言不通而造成沟通上的障碍，从而增加了运营的成本，如商务谈判人员如果不懂得合作方当地的语言，就需要聘请翻译或者进行语言学习培训，从而增加支出；但是翻译服务所提供的交流往往会因为种种原因而产生语义上的变化，商务谈判员由于不懂得当地文化和风俗，也可能对交流产生一定的误解，从而造成谈判障碍。

（四）认知差异带来的谈判障碍

认知是我们理解外在环境的主观看法。然而，由于某些原因，如文化的不同，不能很好地理解对方的行为，因此产生了误解，造成认知的不一致，如果缺乏充分的沟通，就会导致不同文化背景商务合作的误会越来越深，最后使商务合作破产。东西方由于历史形成的文化不同，从而导致了不同的思维模式。

几千年来儒家文化一直是中国文化思维形成和发展的主要影响因素，儒家倡导"天人合一",认为世间万物都存在一定的联系,人们在看待事物时应当透过表面来分析本质,能够从整体的角度来分析其实质,从而得到解决问题的根本方法。西方哲学与此有很大差距,在西方文化思维中,"天人相分"才是主导。西方哲学家认为人是世界的主体,而世间万物则是客体,主体与客体之间既相互独立又彼此不可分割。西方人喜欢站在个体的角度来分析问题,在分析过程中十分看重细节,更倾向于从辩证统一的角度来看待问题,从整体对问题进行把握和解读。中国和西方解决问题的方式和思路也是不同的,中国人喜欢从过去的经验中寻找解决问题的方法,面对问题时习惯从过去类似的经验中进行对比和总结,形成解决问题的方案。而西方人则喜欢针对问题进行分析,在面对问题时喜欢从理性的角度来思考,根据提出问题——分析问题——解决问题的思路形成有针对性的方案。因此,在国际商务谈判中,中方代表喜欢从全局的角度出发思考,双方能够在整体方向上达成一致即可;而西方代表则更重视合作方案的细节,会将合作条约的每一条都细细斟酌研究,之后才能作出决定,完成谈判。

(五)情感抵触产生的谈判障碍

情感抵触是商务谈判中工作成员彼此在情感上抵触或敌意而形成的一种潜在情绪对抗。例如企业双方由于无法理解文化差异所带来的偏见,进而产生矛盾冲突,尤以种族冲突造成的谈判障碍最为严重。

二、国际商务跨文化谈判障碍导致的后果

随着经济全球化时代的来临,各个国家的商业组织被强制地摆到同一个竞争舞台,各国的相互依赖程度迅速提高。在此全球化的浪潮之下,商务谈判往往涉及许多不同国家,合作内容也越来越广泛。因此,如果在不同文化背景下存在着沟通的障碍、工作模式的差异和认知的不同,都会阻碍商务合作的进行,影响谈判的效率,增加商务合作项目完成的时间与成本。在国际企业商务谈判中,跨文化差异有可能导致四种不良反应:

(一)过度保守

由于存在着文化差异,商务谈判双方在处理问题的过程中,可能会出现畏缩

不前的情况，在行事过程中过度保守可能会影响商务谈判双方的和谐关系，使商务合作无进展，以至于合作破裂。

（二）过度激进

由于对存在的文化差异认识不足，商务谈判双方在合作的初期，可能对事物考虑过于简单，从主观上认为完成此项合作非常容易，合作意向非常强烈。而在商务谈判的过程中，一方可能会发现文化差异如此之大，以至于无力完成商务合作项目，导致合作没有进展，出现商务合作失败的情况。

（三）非理性反应

商务谈判障碍的出现往往伴随着双方人员对文化冲突错误的处理方式，此时双方谈判人员容易冲动，产生非理性的行为和决定，甚至引发非理性的商务报复行为，从而进一步加剧误会和冲突，使得谈判无法进行。

（四）怀恨心理

假如在谈判中双方已经发生冲突，则需要双方耐心了解彼此的文化和习俗，达成文化共识，否则，双方可能因为抱怨而产生怨恨心理。如不能有效加以制止，则会造成合作成本的提升，降低商务合作成功的机率。

三、清除谈判障碍的策略

在跨文化的国际商务谈判中，文化障碍几乎是无法避免的客观存在，没有更好的办法来阻止或者消除它们。从积极的方面分析，跨文化障碍的出现使得不同文化之间能够积极进行理解和融合，促进了民族文化的发展，让世界上不同的文化得以交融，从而推动人类社会的进步。由此可见，文化发展过程中，冲突和融合是并行的，也是不可分割的。文化冲突最终会变成两种文化的融合，从而促进人类的进步。西方著名管理学家德鲁克认为，国际商务谈判"基本上就是一个把政治上、文化上的多样性结合起来而进行统一管理的问题"[1]。针对跨文化商务谈判中文化不同所带来的障碍，独特的谈判技巧和谈判措施十分重要。

---

[1] 李胜兵，李航敏. 解读管理术语[M]. 北京：企业管理出版社，2007：69.

（一）确定沟通目的

在跨文化商务谈判中，谈判人员首先要明确自己与对方沟通的目标，这是国际商务谈判成功的基础。而时间观往往会对谈判沟通产生一定影响。西方人的时间观是直线型的，他们的时间观念很强，十分重视对时间的有效利用，厌恶对时间的浪费，因此在交际中，西方人通常十分直率，谈判时也喜欢开门见山，希望能够就合作问题尽快达成一致。中国人的时间观则是环型的，在他们的认知中，时间是源源不断的，因此在交际和谈判中往往会深思熟虑，考虑多方面因素。在我国的商务谈判中，决策者经常在沟通中使用"还需要再研究研究"这类话语。这种差别使得西方商人错认为中国商人工作效率低下，喜欢浪费时间。在有限的时间内尽可能提高工作效率已经成为现代社会商业发展和进步的重要环节，因此我国在进行跨文化商务谈判时要尽可能通过有效的谈判策略来提升效率。

首先，谈判代表在与合作方沟通之前要明确沟通的目的，并提前就沟通可能涉及的内容进行思考。其次，在沟通过程中，谈判代表要守时、严格按照沟通的时间计划和节点行事；在制作计划表时也要尽量详细、周到，便于根据计划表安排事务。为了减少双方的冲突，计划表应当有一定的调节空间。

跨国商务谈判所面临的合作方可能来自不同的国家，因此谈判者在谈判过程中要详细了解谈判对象所在国家的文化背景，并据此制订谈判计划和策略。所谓商务谈判的策略，不仅要关注谈判的各个环节，还要关注谈判前的准备和谈判后的后续处理工作。制订谈判策略的主要目的在于让之后的商务合作更加顺利，减少摩擦和问题。霍夫斯泰德所提出的文化维度理论认为文化有六个维度，在不同的文化维度下，谈判者所使用的谈判策略也应该是具有针对性的。例如，以权力距离为标准的国家文化有高权力距离和低权力距离之分。高权力距离文化的国家，人们往往有很牢固的等级观念，认为上下级的关系不可逾越，其谈判队伍往往由关键人物来做决策，其他人则要以他的意见为主导。因此，在与这类企业谈判的过程中，谈判人员要准确了解对方的利益诉求，采取独立作战策略，针对其团队的核心人物进行谈判。而在个人主义盛行的国家，人们重视平等，追求个人的利益和成就，其谈判团队往往会采取独立作战策略，因而团队整体显得比较松散，整体性不强。因此，在与这类企业谈判时，谈判人员可以使用分等级策略，针对对方团队的个人制订策略,逐一击破,分化其团队,从而缩短谈判的流程,让谈判更接近成功。

(二)选择沟通风格

从不同的维度对中西文化进行分析可发现,中西文化的差距显著,中西方在多个文化维度上差别显著,权力距离指数比为2∶1,个人—集体主义指数比为20∶91,长期—短期取向指数比为118∶29。维度上的差距会使得双方在商务谈判中容易产生较大的文化和理念冲突。为了让谈判更加顺利,我们有必要深入了解西方文化,改变自己的谈判和沟通风格,让谈判的方式更加符合对方的习惯。同时,作为谈判代表的人,也要对两种文化之间的差别和差别产生的原因进行深入的了解,做到知己知彼。西方社会文化的个人主义指数非常高,由此可见他们更加重视个人的成就和利益,因此在商务谈判中,他们通常喜欢独立谈判、自己拿主意,尽量不请示上司。而中国则恰恰相反,我们认为集体的利益大于个人利益,个人成果的取得也离不开集体的帮助。在权力距离方面,西方文化的权力距离相对较小,重视人与人之间的平等,因此我们在与西方合作者谈判时,不必对对方人员的职位、资历或年龄等因素过度重视。而中国更重视权威,在商务谈判中可以以个人的形式参与沟通,但是在决策时必须由上司或集体做最后的决策。在长期—短期取向方面,西方更倾向于短期取向,人们的耐心相对较少,希望合作能够快速达成。中国则更崇尚长期取向,中国人更希望通过不懈的努力、顽强的毅力来达成更为长远的目标。此外,在语境方面,西方多是低语境国家,人们在交际中更倾向于直接表达,在语言交流中,清晰、直接是他们沟通的特点。中国文化则更倾向于委婉地表达自己的意思,在沟通中更重视对对方的尊重和礼貌。以上种种文化差异都会对中西商务谈判和沟通产生一定的影响,因此中方谈判者在与西方企业进行合作谈判时,可以从以下角度来改变谈判的策略。

首先,谈判者要尊重西方文化中的独立个性。西方人喜欢独自行动,不喜欢接受他人的帮助。因此在交流中谈判者要给予对方更多的空间,让其感受到自由。

其次,谈判者要有足够的耐心,倾听他们的意见和看法。

再次,谈判者要放下权威意识,以平等的心态与对方人员交流谈判,将重点放在谈判内容上。

最后，谈判者在沟通时要使用直接、明确的语言和表达方式，减少委婉和迂回的措辞，这样才能让沟通更加顺畅。

对于国际商务谈判而言，良好的开局对整个谈判过程具有决定性意义。开局阶段是双方彼此了解的阶段，在这个过程中谈判者形成了对合作者的第一印象，由此可见其重要性。和谐友好的开局有助于今后谈判环节的顺利开展，相反，假如在开局过程中产生了矛盾甚至误解，形成了不好的印象，则可能导致今后谈判无法顺利推进。在文化差异的影响下，国际商务谈判开局要根据对方的文化习惯来制订相应的策略，保证谈判形式和方式能顺利被对方接受。具体而言，谈判人员在谈判开局之前，首先要详细了解对方的文化习俗，了解对方的风格和习惯，在尊重、开放和包容的基础上选择谈判方式。其次，针对对方的文化背景和习惯，谈判人员要合理选择一致性开局、开门见山式开局或者强攻式开局策略，为今后的谈判打下基础。对于文化保守传统的国家，谈判者可以使用一致性开局，通过委婉、迂回的表达方式取得对方的认同和好感，推进谈判工作进行；对于倡导自由、文化风格开放的国家，谈判者在开局时要尽量采用直接的语言，精确地表达自己的合作诉求，这样才能更符合对方的谈判心理，进而获取对方的信任。综上所述，谈判的开局是整个谈判环节的重点，谈判者要使用正确的谈判策略，针对合作者所在国家的文化选择谈判的风格，形成较好的开局。

在正式的商务谈判环节，双方的交流更加密切，交锋也更加频繁。在这个环节，文化差异所带来的理念和风格上的冲突更容易显现，因此谈判者在这一过程中更要重视对对方文化背景的研究，有针对性地使用谈判策略。谈判者选用策略要灵活，当冲突发生时，谈判者要通过语言和非语言技巧的谈判策略来化解冲突，推进谈判进程。所谓语言技巧主要是指通过使用地道的当地语言来化解与对方的隔阂，拉近彼此的距离。在这一过程中，谈判者要重视对方语言中的禁忌，不可使用忌讳、侮辱性的词汇，否则只会起到相反效果。使用语言技巧时，谈判者还要重视文化语境的选择，使用符合对方民族性格的语境，在谈判中要表现得谦逊、友好，以尊重的态度来与对方交流。非语言技巧也是调整谈判策略、弱化文化冲突的重要手段。不同国家的手势、动作所传达的意思往往也是不同的，谈判者要了解对方文化中动作语言的含义以及特有的动作语言，在谈判过程中善用动作语言与对方交流。此外，情感策略也是谈判的有效方式，例如，中国人在商务谈判中比较容易受感情因素的影响，而欧美国家则更加理性、客观，喜欢公事公办。

跨国商务谈判中因谈判未达成一致而产生冲突的现象十分常见，通常会让谈判陷入僵局。此时，谈判者要及时通过一定的方式来化解僵局，否则谈判很可能失败。在缓解冲突的过程中，谈判者除了可以调整报价、改变谈判方向之外，还要回溯整个谈判过程，寻找冲突产生的原因，从而有针对性地化解矛盾。如果在谈判中出现了因文化差异而造成的冲突或矛盾，谈判者要及时向对方解释，同时也可以采用暂时休息的方式来打破僵局，给彼此调整和思考的时间；谈判者也可以邀请熟悉双方文化的人来进行调解，缓和双方之间的紧张关系，重新建立共同的桥梁，将谈判引向新的方向，从而推动谈判顺利进行。

（三）理解、信任对方

尊重应当建立在对对方的理解之上，只有这样的尊重才是从内心深处发出的尊重。而做到理解首先要求谈判者理解谈判对象的文化，只有这样才能避免文化冲突的产生。而要从跨文化的角度来理解对方的文化，最重要的则是消除自己在本民族文化环境下形成的一些固有习惯和认知，消除对其他文化的偏见。谈判中的有效沟通要求双方能够互相信任，有了信任，谈判人员才能坦诚相待，表明自己的看法和立场、提出自己的意见和建议，才能化解谈判中的种种冲突，从而达成共识。

成功的商务沟通不仅要传达和接收信息，更要思考如何通过传递的信息来引导和激励对方。因此谈判人员要了解谈判对象的心理和真实意图，要分析对方的利益点，并在沟通过程中将自己的观点传达给对方，形成相同的认知并建立共同话题。因此，我们要分析西方商人的性格特征和商务合作特点。西方人普遍存在较强的竞争意识，认为竞争才是获得良好成果的途径。如果谈判结果无法满足他们的期望，那么交易也就没有进行的必要，合同也没有履行的必要。西方人喜欢挑战，对短期利益和眼前利益十分重视，性格中有强烈的利己主义成分，他们崇尚自由、不喜欢被束缚，适应性极强。同时，我们在谈判中还要重视一点，沟通是双向的，在我们尽力选择更符合对方喜好和习惯的谈判策略时，也要确定对方是否对我国的文化和习俗有深入的了解，只有双方彼此了解才能确保谈判顺利进行。因此，我国谈判人员在与西方商人进行商务谈判时要注意以下两点：

（1）适当引入竞争，让对方在谈判中获得成就感。

（2）突出合作的短期利益，让对方能够产生更多期待。

（四）加强沟通

良好的沟通需要双方共同努力，双向沟通能让谈判双方更客观、更准确地理解对方所传达的信息，消除因文化差异带来的理解上的问题。双向沟通结果所产生的反馈，也能进一步帮助谈判双方验证理解的正确与否，帮助阐述自己的意图。

加强跨文化商务谈判沟通的有效性可以从以下几点入手。

1. 慎选翻译

跨文化商务谈判中翻译人员的作用十分重要，优秀的翻译可以帮助双方准确地表达自己的意见，减少沟通的障碍和失误。一般情况下，口译比书面翻译更重视技巧的使用，难度也更大。优秀的翻译人员不仅要精通两国语言，掌握相关的专业技术知识，还要对双方文化传统有深刻的理解和认知，了解文化细节上的差异。

2. 建立共通语言

在国际商务谈判中，语言的使用日益多样化，因此建立商务运作的共通语言十分重要，我们要制订共通语言以降低沟通的成本。

3. 追踪信息

在商务谈判过程中，谈判人员在发出信息之后要追踪其效果和反馈，防止产生误会。跨文化商务交际中，双方同时都扮演着信息的接收者和发出者的角色，信息发出者和接收者都需要双向交流，保证信息传递的准确、流畅、稳定。在这个过程中，信息传递是一个发出—编码—接收—解码的过程，为了减少信息传递所受的外部干扰，双方都要提前对信息进行确认和肯定。在双向沟通过程中，双方必须保持态度的对等，面对不同的文化背景和交流，双方要保持态度和方式的均衡，以此来保证信息的有效传达，如果在沟通过程中产生疑问，双方要及时就问题寻找解决的思路和方法，避免矛盾激化，保障沟通顺利进行。

4. 善用沟通渠道

随着科学技术的不断发展和应用，跨文化商务沟通中能够使用的沟通渠道也逐渐增多，如信件、电话、网络通信软件、快递等。跨文化商务交际中，信息传递的重点在于提高其质量，而信息传递质量则取决于信息的传递方式和有效性。例如，西方的通信技术十分发达，电信沟通方式比较直接、能够实时反馈、沟通费用较低，这些优点决定了西方商人喜欢使用电信方式进行沟通，而网络视频对话、可视电话的发明及使用，则进一步提高了信息传递的效率和速度。在讨论合同和交易的细节时，西方商人更喜欢将意见和建议形成文本，以文本的方式发送给对方，必要时还会选用面对面沟通的方式。这样可以减少双方在时间、精力和财力上的消耗。西方商人在沟通上的这种倾向与我国是一致的。在文本形式的信息传递中，西方人更喜欢直接表达自己的想法，直入主题，明确、清晰地表达自己的思想。而中国人则认为话语太直白是对对方的不尊重，在文本书写中常要进行铺垫，措辞委婉、表达含蓄，对方需要看透文字背后的深意才能准确理解文本的意思。因此，双方在文字表达上的习惯差异经常会阻碍谈判的顺利进行。针对这一点，我们在跨文化商务交际中要注意以下两点：第一，在表达中减少铺垫和寒暄式的叙述，尽快进入主题；第二，要清楚表达自己的意思。

（五）强化培训

为了清除跨文化商务交际中的障碍，我们要加强对商务谈判人员的培训，培训的内容要涉及语言、文化与文化差异、文化敏感性、跨文化交流以及冲突处理等方面。只有接受全面的跨文化商务谈判培训，谈判人员才能对对方的文化价值理念、文化习惯、法律制度等有深刻的理解，提高对对方文化的认知高度，从而形成对对方文化的理解和尊重，在商务谈判中才能减少冲突的产生，在出现问题时才能顺利解决。培训的主要目的在于从商务活动需要的角度出发来了解对方的文化，而不是全面学习对方的文化和习俗。因此，学习的内容和深度都要围绕培训的目标来安排。

世界上存在着多种多样的文化，谈判人员学习国际文化首先需要掌握相关的知识要领，领悟学习的技巧，学习过程中要尽量全面地认识目标文化。跨文化商务活动与交流是一个能够通过不同渠道学习对方文化的过程，谈判者要通过不同渠道来了解对方的文化，掌握相关文化知识，对不同文化间的差异和构成体系要有整体性的认知。这一过程也对双方文化的交流融合有益。目前，通过多渠道的国外文化学习，我们可以学习更多更全面的国外先进文化，如地理文化、风俗、居住习惯、法律、城市特色、旅游文化、历史传统等，只有全面了解对方的文化系统，才能在国际商务活动中产生更加顺畅的交流体验。此外，从多渠道进行国外文化学习和文化知识拓展，也有助于跨文化商务活动的进一步拓展和延伸，使得今后的合作更加顺畅。

（六）强化谈判意识

商务合作谈判讲究"以和为贵"，这是商务合作价值的核心所在。此外，和谐的价值观也能帮助我们深化对他国文化的理解和信任，从实际行动出发尊重对方的文化习俗。在跨文化商务合作中，我们要建立起以理解、信任、尊重为基础的沟通桥梁，减少文化差异带来的理解和沟通问题，尽量消除商务冲突。自古以来中华传统文化中就有"和"的元素，中华民族之所以能够发展几千年依然兴盛，就是因为其文化传统中的"海纳百川，有容乃大"的胸怀。我国企业在国际上拓展商务领域时，面对不同的文化和习俗必然会产生矛盾和摩擦，因此在商务合作中树立"以和为贵"的意识非常重要。只有以包容、开放的心态来面对合作中的争端，才能让企业更顺利地融入国际市场。以开放、包容的心态面对谈判，首先要求谈判者尊重和认同不同文化之间存在的差异。不同国家和民族所形成的文化都是人类在漫长的发展过程中形成的文明结晶，是人与自然环境、社会环境长期适应所形成的生存经验和智慧。因此在谈判中，谈判者要尊重每个国家的文化和风俗，不能持有歧视的态度。其次，谈判者要学会正确对待和理解谈判对象行为，了解其目的和意图以及背后的影响因素，从文化差异的角度来分析谈判对象，不可对对方的行为妄加揣测。理解文化差异所造成的行为差异，有助于谈判双方拉近距离，推进谈判进度。最后，企业在选择谈判队伍时也要慎重，通常需要进行跨文化合作的企业在选择谈判队伍成员时，要选择熟悉对象国的员工，从而帮助整个团队分析对方的文化背景和谈判行为。企业在选择这类员工时要进行严格筛选，一是要看该员工是否具备专业谈判知识和能力，是否真正了解对象国的文化；二是要调查该员工的背景，确保整个谈判工作的保密性和安全性。

（七）保持"和而不同"的跨文化差异观

"和而不同"强调的是通过学习和培训将文化差异合法化和明示化。根据"和而不同"的要求，我们可以将商务谈判在共性认知的基础上，根据自身的特点和要求建立起独特的商务合作机制，不断减少商务摩擦，使得双方在合作中求得发展。"以和为贵"和"和而不同"形成了商务谈判中理念的完整闭环，使得文化差异不再是影响谈判的障碍。

要想减少跨文化商务交流中因文化差异而引起的问题与冲突，企业和谈判人员主要应从以下几方面入手：以跨文化理念为主导树立全新的交流意识，提高自身跨文化交际的能力，强化对谈判对象所在国文化的学习，形成跨文化学习理念，以正确的态度对待文化学习和文化差异，不断深化对跨文化商务交际中文化内涵的学习和交流。在传统文化交流学习的过程中，由于对有关文化差异知识认识和研究不够，对各种跨国文化内容和构成要素认识不足，从而造成跨文化商务交流中存在着各种阻碍。在现代社会，国家文化交流不仅要找到自身发展的道路，还要形成有效发展和创新发展的思路，从而找出自身的不足并进行改进。商务谈判人员要始终保持文化学习的动力，不断提升应对文化差异所带来的问题的能力。对于跨文化商务交流的发展而言，最重要的一点是提高商务谈判者的文化差异学习能力，商务谈判者在工作中要保持主动性，增强对文化的学习意识，不断加强文化商务交流中双方的双向沟通，减少商务交流中的障碍。在商务交流过程中，谈判者要正确认识遇到的障碍，将其当作深化沟通的契机，以此为基点来强化双方的信息对接，加深彼此的了解。障碍也是一种机遇，谈判者通过消除障碍可以站在他国文化的角度来看待同一件事，从而产生对这件事的新体会和新看法，这也有可能发现新的解决问题的思路。文化差异及其引起的障碍是我们与外国合作伙伴进行深入交流的踏板，谈判人员要合理使用这些踏板，增进双方的交流互动，提出更加有利的解决问题的思路。同时，这种解决问题的办法也能促使对方站在我方的角度思考问题，了解问题产生的原因，从而有更多的耐心来共同解决问题。

第四章　跨文化的商务谈判风格

国际商务谈判是跨国界、跨文化的谈判，谈判过程必然涉及文化观念和风俗习惯，谈判的结果必然受到文化差异的影响。因此，作为一名优秀的谈判者要了解不同国家的文化差异及其对谈判的影响，并在谈判中借力于文化差异对谈判的影响，促成谈判的顺利进行，这将是非常有益的。

第一节　亚洲商人的谈判风格与应对策略

中国属于亚洲地区，有许多国家与中国为邻，可以说亚洲是中国从事经济贸易往来最重要的区域，这不仅是由于亚洲地区与中国相通的地缘文化和族缘文化，而且更重要的是东亚地区不断地创造着经济发展的奇迹。长期以来，东亚、东南亚地区在对外贸易和吸引外资方面是全球最活跃的地区之一。亚洲这些地区所具有的良好贸易、投资环境和巨大经济活力是投资者最为看好的，因为这些地区经济发展快速、健康，政治经济形势比较稳定，从事经济活动的风险相对较小，总体上回报也较高。

亚洲地区的许多国家都有悠久的历史，具有很高的文化成就。中国文化在东亚和东南亚地区，如新加坡、韩国、日本、印度尼西亚、马来西亚等国有着广泛的影响，特别是新加坡，其华裔人口占全国总人口的70%以上。由于受中国传统文化中孔孟思想的影响，这个地区的人们重视人际关系的和谐，重视商业信誉，因此在与亚洲人谈判时，文化因素对谈判的影响表现出明显的相通性和相融性。

一、日本商人的谈判风格及应对策略

日本商人在世界各国谈判者中最具有个性和魅力，各国的谈判专家也普遍认为日本商人是最成功的谈判者。

日本是一个人口密集的岛国，自然资源相对匮乏，日本人普遍有民族危机感，因此，他们讲究团队与协作精神。日本文化受中国文化的影响很深，儒家思想中的等级观念、忠孝观念、宗教观念等深深影响着日本人，这在他们的日常行为和观念中处处体现出来。不过日本人又在中国文化的基础上创造出其独特的个性，因此现代日本人兼备东西方文化观念。

（一）日本商人的谈判风格

1. 讲究礼仪

日本人很重视礼仪，他们的行为都严格按照礼仪规范来进行。例如，日本人双方会面时要互相鞠躬，这是他们习以为常的礼仪，在大多数场合都要使用。日本人习惯说"对不起"，请求他人帮助，或者一些很常见的要求和交流中都会使用这个词。从日本的茶道、插花和婚礼等文化中都能看出日本对礼仪的重视。许多礼节在西方人看来甚至是可笑的，但是日本人却做得一丝不苟，严肃认真。

（1）注重身份地位

日本人的等级观念较强，即讲究自己的身份、地位，甚至同等职位的人都会有不同的地位和身份。因此，在交易过程中，一定要注意自己的地位、身份以及对方的地位和身份。谈判人员的官职、地位最好比日方高些，这样才能赢得主动。对于不同身份、地位的人要给予不同程度的礼遇，处理要适当。日本商人在谈判中的团队意识较强，一般的谈判人员会激烈辩论、讨价还价，最后由"头面人物"出面稍作让步，以此达到谈判的目的。应注意，日本妇女的地位较低，在一些重要的场合，妇女是不能参加的，因此遇到正式谈判时，女性最好不要参加，否则日方会表示怀疑甚至流露出不满。

（2）讲究面子

日本人和中国人一样是非常讲究面子的。无论在什么情况下，日本人都非常注意留面子，或者不让对方失掉面子。在谈判中最为突出的表现是，日本商人即使对对方的提议有意见或不满，也不会直接拒绝或者反驳，而是通过委婉的表达来陈述自己的观点。

（3）喜欢送礼

赠送各种礼品是日本社会常见的现象。送礼表示对对方的重视，希望加深友谊，既表示一种礼貌、款待客人的热情，又表示一种心意。但是给日本商人送礼，要根据对方职位的高低来确定礼品价值的大小。给高级管理人员送价值一百美元的礼品较理想，给中级管理人员送价值五十美元的礼品为宜，如果收到的礼物价值相等，高级管理人员会感到受到了侮辱，中级管理人员则会感到尴尬。

2. 重视人际关系

日本人重视商务合作的对象和合作方式。在工作中他们十分重视人际关系，会花费一定的时间和精力来维持人际关系，同时他们更倾向于与熟人做生意并与熟悉的合作伙伴长期合作。在商务谈判中，日本人不喜欢纯粹的商务活动，假如对方在商务谈判中直接进入主题而忽视了人际交往，那往往会引起日本商人的不满。

3. 不注重合同

日本商人相对来说更重视人际关系，而不重视合同。日本商人重视与外国合伙者的信任关系，不愿意在合同上争论。一旦建立了信任关系，与他们签订合同就会变得十分简单。但如果因为环境变化导致公司利益可能受到损害，那么对他们而言合同的效力就会消失。如果合作方对他们执行合同的惩罚条款或者不愿意修改合同，日本商人就会产生不满情绪。在谈判中，如果双方有良好的个人友谊和信任关系，那么日本商人就会全力配合，即使有困难也会重新商量合同条款。所以，赢得他们的信任比在合同条款上下功夫更重要。

4. 具有耐心

在谈判中，日本商人通常被认为是非常有耐心的。他们在很多情况下，可能会选择不急于表达自己的观点和意见，而是静观事态的发展。对他们来说，时间可能不是最重要的因素，他们可能没有欧美人那种强烈的时间就是效率、就是金钱的观念。日本商人可能会更注重充分的准备、周全的考虑、有条不紊的进程和谨慎小心的态度。只要能达到他们预期的目标或取得更好的结果，他们可能会愿意等待一段时间，比如两三个月。

5. 一般不诉诸法律

日本商人在谈判过程中,不喜欢有律师的参加。在日本商务谈判团队中一般没有律师,他们认为,如果谈判中要不停与律师交流商议,那这个团队是不值得信赖的。甚至有的日本商人会认为带律师进行谈判是准备好了日后处理纠纷的表现,这种合作方是缺乏诚意的。当合作双方在履行合同中发生争议时,日本商人也不喜欢通过法律渠道解决。在合同签订时,他们更喜欢模糊其中的用词和条款,这样当合同履行时如果出现问题,那他们就可以以对自己有利的方式来解释。他们常在合同纠纷条款中这样写着:如果出现不能令双方满意之处,双方应本着真诚、友好的原则坐下来重新协商。

6. 注重团队意识

日本商人的团队精神也是世人皆知的,体现在谈判中就是集体决策、集体负责。日本企业并未实行高层集权,而是采用自上而下的决策流程,任何个人都不能对谈判全过程负责,也无权不征求组内其他人的意见而单独同意或否决一项提议。由于日本商人的决策是集体制订的,且任何决策只有在全组人员均认可后才能付诸实施,故他们的决策过程和决策时间往往很长。

(二)应对日本商人的谈判策略

1. 礼尚往来

在和日本商人的谈判中,针对日本商人讲究礼仪的特点,应该理解和尊重他们的礼仪,这样才能得到他们的重视,获得他们的好感和信任,使谈判获得成功;反之,则很容易使谈判陷入僵局。谈判人员应搞清日方参加谈判人员的身份、地位、年龄与性别等信息,派出与对方信息相对应的人员,以示对其人员的尊重和对谈判活动的重视。因此,在与日本商人谈判时,应理解和尊重他们的礼节,这样才能获得他们的重视和依赖,为谈判成功奠定良好的基础。

2. 注意人际交往

在和日本商人谈判之前,应该尽力地回忆一下双方以前的交往,这对以后谈判的顺利进行有很大的好处。在与日本商人的初次谈判中,首先进行的不是正式谈判,而是双方的负责人互相拜会。这种拜会不是企业的商务活动,不谈重要的事项,也不涉及具体的实质性内容,仅仅是双方友好的会面。与日本商人洽谈,最好有介绍人提前联系安排一下。介绍人的作用很大,应当选择有身份的人士或机构来担任，通常是企业、社团组织、知名人士、银行、咨询机构等，这样更容易引起日本人的重视。

3. 讲究谈判用语

要尊重日方的礼仪和习惯，谈判用语避免使用直接否定的回答，以此减少误会，增进友谊。但是在双方谈判与合作中切不可轻易让步，更不能表现出急切的签约意愿。轻易让步并不能取得日方代表的好感，反而会让他们觉得我们软弱可欺或者毫无诚意。因此在与日企进行跨国合作时，我方谈判代表可以以强硬的态度进行谈判，在谈判中保持镇定和冷静，慢慢与对方商谈。

4. 保持足够的耐心

在他们没有做出最终决策之前，如果流露出不满的情绪或催促、逼问他们，结果只会适得其反。由于日本集体决策制度运作缓慢，涉及组织的各个层面，因此同日本商人谈判时要有耐心。

5. 充分准备资料

与日本商人谈判时不要单个人出席，因为日方通常会是一个谈判代表团。谈判时所提的建议要严谨务实、专业性强，并尽量详细化。在讨论某个主题之前，应提供译成日文的书面材料，并向谈判代表团的每个成员都提供一份材料复印件，这将会加快决策的进程。讨论时要避免那些可能会使日方为难、唐突的直接陈述和提问。

二、韩国商人的谈判风格及应对策略

韩国国土面积狭小，自然资源贫乏，市场规模较小，其经济对国际市场和资源的依赖程度相当高。韩国实行政府主导的外向型经济发展战略，倡导"以贸易立国"。他们利用国际市场的有利条件，克服国内资源贫乏、市场狭小的不利因素，实现了经济腾飞，从一个极为贫穷的农业国，一跃成为拥有发达的造船、汽车、化工、电子、通信工业、网络基础设施的名列世界前茅的新兴先进工业国家。

（一）韩国商人的谈判风格

韩国商人谦和，但恭维的话会被友好地拒绝，处于为难的时候常常以笑作为回应，在作出决定之前会就一些重要问题再三向对方确认。

1. 重视商务谈判前的准备

韩国商人在谈判前十分重视对对方情况进行了解。他们一般是通过海外有关咨询机构了解对方情况，比如经营范围、经营规模、资金状况、谈判作风等。如果对对方没有一定程度的了解，他们肯定不会同对方坐在谈判桌前开始谈判。

2. 重视营造谈判氛围

首先在会晤地点和谈判地点的选择上，韩国商人一般会选择有名气的酒店、饭店。如果谈判地点是由韩国商人选择的，他们一定会准时到达；在由对方选择时，他们往往会推迟一点时间到达。进入谈判会场时，往往是地位最高的人或主谈人员走在最前面。

3. 讲究谈判技巧

韩国商人逻辑性强，做事喜欢条理化，谈判开始往往是开门见山，直接与对方洽谈主要议题，而且主要涉及阐明意图、报价、讨价还价、协商、签订合同五项内容。在谈判中横向纵向谈判兼用，善于根据不同的谈判对象运用不同的谈判策略讨价还价，喜欢使用英语、朝鲜语和谈判对象国家语言签订三种文字合同。

（二）应对韩国商人的谈判策略

1. 要有耐心

由于韩国商人可能针对某一议题反复谈判，对重要议题更是再三确认，决策过程较为缓慢，因此参加谈判人员应有充分的耐心，做好充分准备，不断重复回答有关问题，及时提供充分信息。

2. 注意沟通策略

韩国商人时常采用声东击西、先苦后甜、疲劳战术等一系列策略，加之横向谈判与纵向谈判的交叉运用，很容易使人上当、中计，对此应加以充分注意，保持清醒头脑，及时识破和破解其计谋。

三、印度商人的谈判风格及应对策略

印度是南亚次大陆上的一个国家，是世界上人口最多的国家。印度是个多民族的国家，印度语是国语，英语是官方语言和商业用语。印度教盛行，89%的印度人信奉印度教。

(一)印度商人的谈判风格

印度商人的谈判风格主要表现在以下几个方面。

1. 官方语言是英语

印度使用的官方语言是英语,几乎每个上过学的印度人都能熟练使用英语,但是印度人的发音比较特别,中国人很难听懂。印度人在说英语时,"t"和"d"的发音不清晰,很多专业人士首次与印度商人交谈时都难以听懂。因此在谈判中最好请一个熟悉印度英语的翻译陪同,假如实在难以口头交流,就请对方用纸笔写下来,避免出现理解错误。

2. 宗教意识浓厚,饮食习惯清淡

印度民族和种族众多,号称"民族博物馆",其中印度斯坦族占印度总人口的一半左右,是印度最大的民族。印度也是一个多宗教的国家,佛教、印度教、耆那教和锡克教都源于印度,大部分印度人信仰印度教,伊斯兰教在印度也有大量信徒。印度大部分人信仰宗教,不吃肉类,很少喝烈性酒,各种蔬菜、水果是他们的主食,吃饭也不用筷子。

3. "肯定"与"否定"的表态方式与中国不同

印度人表达"肯定"和"否定"的方式与中国有很大不同,没有接触过印度语言文化的人容易产生误解。中国人在表达"肯定"时会点头,在表达"否定"时摇头;但是印度人在表达"肯定"或者"否定"时都用摇头,因此有时候会搞不清楚他说的是肯定还是否定、同意还是不同意,这时也只有多问几次,从他的语言中来确定。

4. 就虚避实

有些来中国的印度商人可能会表示,印度的化纤、纺织市场非常大,一旦完成第一笔订单,他们预期会有更多的订单,让人觉得合作前景十分光明。然而,这时候我们需要知晓口头描述与实际情况之间可能存在差距,只有真正拿到手上的订单,才能算作是一笔业务。此外,也有一些印度商人可能会在商业信誉方面存在问题,有时可能会对约定好的条款进行更改。

5. 砍价幅度大,态度坚决

印度商人对于对方的报价习惯性砍价在50%以上,谈判到了最后,印度商人往往还要一个特殊的"折扣价",而且态度坚决、表现固执、非常耐心,有种"不

达目的不罢休"的劲头。另一方面，印度商人喜欢拿东家的报价给西家看，再拿西家的报价给东家看，让两家相互竞争，他们从中得到一个更低的价格。

6. 时间观念不强

有些印度商人的时间观念可能不那么强烈，他们可能会在谈判或约会时迟到。有时候，他们可能会迟到几十分钟，甚至一两个小时。这种情况不仅可能出现在商人中，有时也可能出现在官员中。

7. 热情好客

印度商人热情好客，性格开朗，比较善于交际，一般都能与商业伙伴保持良好的人际关系，以良好的人际关系开始谈判或生意。

(二) 应对印度商人的谈判策略

1. 报价要留有较大的余地

针对印度商人对对方的报价习惯砍掉 50% 以上，应先采用给他一个包含即先加上对方准备砍的 50% 以上的"水分"，再接着谈，尤其是关于机械设备方面的谈判。

2. 适时终止谈判

针对谈判到了最后，印度商人往往还要一个特殊"折扣价"的做法，这时马上明确表示不谈了。如果有丝毫的犹豫，前期谈判成果可能会打水漂。

3. 把约定时间提前

针对印度商人的时间观念并不严格的应对策略是，如果要想把会议时间定在 9:00，那就告诉他会议是在 8:00 或 8:30 开始，同时为了使交易实现，要保持应有的包容和耐心。

4. 口头报价

印度商人在寻找合作者和进行谈判时，常常会将东家的价格拿给西家看，以此来为自己争取更多利益。因此在与对方谈判时，我方谈判员最好只给予口头报价。如果一定要使用书面报价，那就尽量不要标明自己的企业名称，更不要在报价单上签署自己的名字。记住不要轻易提供正式书面报价，特别是在知道有好几家竞争对手的情况下。

第二节 欧美商人的谈判风格与应对策略

一、美国商人的谈判风格及应对策略

美国的历史是一部拓荒者的传奇。他们从欧洲迁徙到美洲,为了追求自由和幸福,不惧艰难险阻。他们展现了坚韧不拔的毅力和积极进取的开拓精神,创造了一个全新的世界。他们的性格乐观、自信,做事果断、高效,注重实际、功利,以成败论英雄,加之美国的经济处于世界领先地位,这使得美国商人的谈判风格十分独特。

(一)美国商人的谈判风格

1. 利落坦率,性格外向

美国人大多性格外向,他们的情绪往往通过言行举止显露出来。美国人在谈判中总是热情洋溢、充满激情,无论是在表达还是在谈判态度方面都表现得坦率且直接。如果合作方的提议不能满足他们的要求,他们就会直言相告,在谈判中也会通过直接的表达方式来减少误会。因此,美国商人在与日本商人或中国商人合作时,往往会对他们的委婉和含蓄感到不适应,甚至感到不满。中国商人和日本商人在谈判中迂回、隐晦的行为和表达方式,常常让其感到困惑。很多时候因为这种不满和困惑,双方的合作无法达成,这令人感到非常遗憾。

2. 自信自强,自我感觉良好

美国的经济和技术一直处于世界领先地位,拥有强大的国民经济实力。美国人的语言和货币在世界经济中具有强大的影响力。英语是国际谈判的通用语言,世界贸易的一半以上用美元结算。美国人的谈判风格,与他们的经济成就有着密切联系,也体现了他们的性格特征。美国人性格开朗,在交谈中喜欢坦诚相待,他们总是自信满满地参与谈判,不断地提出自己的观点和建议。他们喜欢独立、自由地行动,喜欢为自己争取实际的物质利益并对此产生成就感。美国人不但崇拜力量,并且深信这套美国式的理性思考可以通用于世界各地。他们认为只有自己的决定才是正确的,因而没有心情去倾听对方的意见。在协商阶段,他们精力旺盛,能迅速让谈判进入实质性的协商中。他们十分欣赏那些精明的、为获取经

济利益而运用技巧的人。他们本身就擅长使用思维策略去争取利益，同时也希望自己的合作伙伴也是这样的人。

美国商人坚守公平合理的原则，这也是他们自信的表现之一。他们认为交易应该是双赢的，双方都能从中获益。基于这一原则，他们会提出自己认为合理的、公平的"方案"。在谈判中，他们喜欢一开始就表明自己的立场、观点，提出自己认为可行的方案以争取主动权。他们在洽谈中喜欢以自信、肯定的语言来表达自己，计算时也力求准确、科学。由于这种自信性格的影响，美国企业在进行决策时，往往由一个人或少数几个人来决定，自上而下地执行，决策中也更强调个人的责任。美国社会崇尚个人主义，美国商人常以自我为中心，不择手段地利用他人以实现自己的理想。在他们看来，旁人的想法无关紧要，为提高成绩，必须拼命地表现自己。同事之间也是竞争胜于一切，唯有如此，方能取得成功，而失败者只能怪自己比不上别人。

3. 珍惜时间，讲究效率

美国经济发达，生活、工作节奏快，使美国商人养成了信守时间、遵守进度和期限的习惯。美国商人重视效率，喜欢速战速决，所以，在谈判过程中，他们不会多花一分钟去做无聊的谈话，而是十分珍惜时间、遵守时间。美国商人常常抱怨其他国家的人拖延时间，缺乏工作效率，而其他国家的人则抱怨美国人缺少耐心。

美国商人认为合格的谈判者要能够熟练、精炼、准确地表达自己的意见。因此，美国商人谈判的时间期限往往很短。谈判中，他们也十分重视效率，开门见山，报价及提出的具体条件也比较客观，水分较少。

4. 注重实际经济利益

在商务活动中，美国人更重视实际利益，重视合作能否给企业带来更多收益，私人感情则不会影响谈判。因此，亚洲国家和拉美国家的商人在与其合作时往往会体会到鲜明而强烈的"在商言商"的感觉。美国商人不重视合作双方的私人感情，甚至希望将私人情感与商务活动清晰地分离，因此在谈判中往往表现得比较生硬。

5. 重合同，法律观念强

美国是法治社会的典范。根据相关数据，美国每450人中就有一名律师，这反映了美国人在处理冲突和纠纷时倾向于寻求法律途径的习惯。他们的法律意识在商业活动中也十分突出，更倾向于将交易的核心定义为经济利益。他们认为法律和合同是保障自己利益的最公平、最可靠的方式。因此，他们非常重视合同，谈判时会非常仔细地分析和商议合同条款和违约赔偿的相关规定。一旦合同执行过程中出现问题，双方必须遵照合同条款来处理和善后。因此，美国商人在谈判时的重点是对合同条款的讨论和商定，并且要明确知悉合同的适用法律，以便在合同履行的过程中能够有根据地处理出现的问题。

美国商人对法律和合同的重视，同时也体现在他们认为商业活动和私人关系是完全分开的这一点上。他们不会因为和对方是老朋友或亲戚，就在商业上给予特殊的优惠或照顾。他们对中国人的一些习惯，比如对老朋友有所偏袒，感到难以接受。

（二）应对美国商人的谈判策略

1. 借力加速

针对美国商人坦率、真挚、热情的谈判风格，谈判者可充分利用这一点加速谈判进程，节省谈判时间，创造谈判成功的机会，而不要在谈判中做无谓的纠缠，浪费时间。

2. 了解信息

美国人自信，善于表达，可以从美方谈判人员自信而滔滔不绝的讲述中，了解和掌握更多、更有价值的信息，做到在谈判中有的放矢。再加上美国商人的过于自信，对谈判准备不充分，很好地利用可以从中获得更大的利益。

3. 抓住特点

在和美国商人谈判时抓住美国商人务实与重利的特点，可以在务实中体现公正，实现最大利益，而避免一些不必要的客套和不必要的感情投入，从美国人高效决策的漏洞中取得利益。

二、英国商人的谈判风格及应对策略

英国是世界上率先完成工业化的国家之一，17世纪，英国的贸易行为已经遍布全球各个国家，但是英国人本质上还是偏向传统、谨慎和内敛的。尽管英国人从事国际贸易的时间较长，范围也很广，但是他们在贸易谈判中的特点却与其他欧洲国家不同。

（一）英国商人的谈判风格

1. 等级较强，看重身份

英国是老牌资本主义国家，但是英国人观念中仍然有很深的等级制度，也因此英国还保留着王室，作为国家统治的象征。平等和自由更多的只是一种形式，在与外国友人交往时，英国人更重视对方的身份，曾经的经历和成就。这一点与美国人十分不同。因此在与英国商人谈判时，我方可以派出身份、地位较高的人前往，这有助于谈判顺利进行。

2. 自信保守，不愿冒险

英国商人不太重视谈判的过程，与日本商人、美国商人相比，他们的谈判准备也不够充分和细致。他们擅长用简洁的语言表达自己的立场和观点。在谈判中，他们更多地展现出沉默、冷静、谨慎的态度，而不是情绪化、冒进和吹嘘。在物质利益方面既不像美国商人那般直接明确，也不像日本商人那样外露而强烈，他们更倾向于做风险低、利润小的生意，而不是冒巨大的风险赚取巨额利润。英国商人不容易相信和依赖他人，这种保守、传统的性格，在一定程度上反映了英国人的优越感。但是一旦与英国商人建立了友好关系，他们会非常珍视并长期信赖，在商业上也会非常容易合作。因此，如果缺少与英国人长期交往的经验，没有取得英国商人的信任，又没有可靠的中间人来建立联系，就不要指望和他们做大规模的生意。

3. 信用程度较差

有些英国商人可能在合同履行方面的信用上存在问题，他们可能无法总是按时交货。为了解决这个问题，他们可能已经采取了很多措施，但可能并未取得显著的效果。这种现象的成因可能有很多，其中一个可能的解释是，英国的工业历史悠久，但在近几百年中的发展可能相对缓慢，英国人可能更倾向于追求生活的舒适感和秩序感，而不是过于强调勤奋工作。

4. 灵活性不足，重视协议

英国人在商务谈判中表现得比较强硬和顽固，他们不喜欢与人讨价还价。因此在谈判的关键阶段他们表现得十分固执，不愿意花费更多的精力来促成交易。

这一点与日本人在交易中表现出的通过各种形式来推进合作达成的意愿差别很明显。英国商人很重视书面协议的法律问题和细节问题，如果以后有争端或者争执，英国人通常都依靠合同条款来解决问题，如果他们的对手提出合同上没有的问题，英国商人可能就会产生怀疑和拒绝。

5. 守礼务实，追求个性

英国商人的交际礼仪在欧洲是有代表性的，他们恪守礼节，但率真务实、追求个性、遵守公德，在交际场合不喜欢虚假。英国商人即使客套也是实实在在的客套，要是在他们面前客套作假，那受苦的就是自己。他们请客点菜，绝不铺张浪费，够吃即可。若菜少了客人尽管提出再加，他们会很乐意的。如果他们问客人"吃好了吗"，而客人想客套一下，那就只能挨饿。在宴会上，英国商人敬酒不劝酒，宾主饮多少自便。若不会喝酒，更不勉强，若提出要果汁，他们也会很高兴。英国商人一般不轻易宴请谈判对手，如果要设宴，那就说明他们对会谈表示满意或者是愿意进一步交往；如果对方要客套一下那就麻烦了，因为他们认为对方是在拒绝他们。

（二）应对英国商人的谈判策略

1. 礼尚往来

在与英国商人进行会面和磋商时要十分注重礼节，谈判人员的个人修养、绅士风度以及等级的对等都会获得对方的好感，对于推进对话、讨价还价和谈判的顺利进行有一定作用。

2. 适当恭维

可以利用英国商人自信心强、喜欢摆架子的特性，适当给予吹捧表扬，他们会很高兴的，有时把对方吹捧得越高，就越容易在谈判中得到利益。

3. 严格区分商业活动与私人生活

在谈判中尤其是初次交往中，要特别注意尊重英国商人的习惯，避免将其私人生活与商业活动混为一谈，尽量避免在节假日与英国商人洽谈生意。

三、俄罗斯商人的谈判风格及应对策略

在地理位置上，俄罗斯与我国相似。两国接壤，边境线很长。双方之间的贸

易比较久远，交易十分频繁。如今，对俄贸易已经成了东北地区外贸发展的重点。因此，研究俄罗斯商人的谈判风格对我国国际贸易发展的影响很大。

（一）俄罗斯商人的谈判风格

1. 墨守成规，办事效率低

由于长期计划体制的影响，墨守成规、办事效率低是俄罗斯人的一个重要特点。近几年，情况有所改变。

俄罗斯商人在涉外谈判中，往往表现出计划经济体制的影响。他们在正式谈判时，习惯于按照既定的目标进行，如果对方的让步能够满足他们的具体要求，则容易达成协议；如果不符合，也很难改变他们的立场。即使他们知道自己的要求不合理，也不愿意妥协让步。俄罗斯商人是不容小觑的谈判对手，即使他们在谈判中处于下风，如急需外国资金、外国的高科技设备，但是他们仍然有办法让对方让步，而不是修改自己的要求。在俄罗斯，谈判人员往往要对所经办商品的质量和技术等的决策负全部责任，这也是导致他们异常谨慎的原因。而且俄罗斯商人谈判时往往要带上各种专家，这样不可避免会减慢谈判的节奏。

2. 注重技术谈判

技术引进项目通常都比较复杂，对方的报价也存在很大水分。因此，俄罗斯商人在技术项目合作中往往会从技术细节入手，来达到提升性价比的目的，如谈判项目中的技术内容和索赔条款。他们在谈判中索要的资料也会很全面，目的是保证引进的技术具有先进性、实用性。

3. 讲究礼仪

俄罗斯商人在人际交往中表现得热情、奔放、耿直且勇敢。在与他人初次见面时，他们通常使用握手礼，但是对熟悉的人或者与他人久别重逢时，他们则会与对方热情拥抱。良好的文化素质使俄罗斯商人非常重视自身的仪表、举止，在社交场合，他们总是站有站相，坐有坐姿，不论等候时间长短，都不蹲在地上，也不席地而坐。同时，他们在社交场合忌讳剔牙等不雅动作。

4. 精于讨价还价

俄罗斯商人在商务谈判中往往表现得很精明，擅长讨价还价。欧美商人的务实在俄罗斯人面前也无法取得信任，即使对方的报价再公平合理、计算再精确科学，俄罗斯人也依然认为有商量的空间，他们会竭尽全力挤出其中的水分，从而节省成本。

5. 善用招标引入竞争

俄罗斯的商业人士擅长与国际伙伴打交道。他们有着敏锐的眼光，能够寻找到合适的合作对象和竞争对手，也有着高超的谈判技巧，能够争取到最有利的条件。为了用最少的投入，获得最好的技术，俄罗斯人经常使用国际招标的方式寻找合作商。他们会先公开招标，吸引多家竞标者，然后从容地进行筛选，并利用各种策略，让竞标者之间相互压价，相互角逐。最终他们能够以最低的成本，引进最优质的项目。

（二）应对俄罗斯商人的谈判策略

1. 充分准备

与俄罗斯商人谈判就要做好"打持久战"的准备，俄罗斯商人可能会针对产品和技术问题反复讨论和协商。为了能及时且准确地应对对方抛出的问题，我方就要做好充足的准备，并且让技术专家进入谈判队伍协助谈判。同时在谈判过程和合同书写中也要注意语言的使用，让语言表达更加精确，对于不确定或者不能满足的要求不能作出承诺。此外，合同中索赔条款的拟定也要十分谨慎。谈判者要注重自己的言行举止，既表示对俄罗斯文化的尊重，也会给谈判创造良好的氛围。

2. 溢价策略

由于俄罗斯商人精于讨价还价，对俄罗斯商人的报价一般要采取溢价策略。具体方式为：

（1）标准价格报价。谈判者事先拟定一份报价单，上面所有的报价都有一定程度的议价，方便与俄罗斯商人进行下一步谈判。

（2）公开溢价。公开表示自己的标价中存在议价，并说明自己的理由。

一般而言，第一种策略不如第二种有效，如果在报价之前就定死了价格，那么当一段时间后如果出现较大的变故，价格就不再适用了。

第三节　非洲和大洋洲商人的谈判风格与应对策略

一、澳大利亚商人的谈判风格及应对策略

澳大利亚由 6 个州组成，各州自有宪法、铁路、地区开发、教育等事项，并由各自的政府办理，因此各州之间的地区观念比较浓厚。地广人稀、沉着好静、不喜欢被打扰是澳大利亚的重要特点。

（一）澳大利亚商人的谈判风格

1. 重视办事效率

澳大利亚商人认为不能作出决定的商谈是浪费时间，他们不喜欢讨价还价，先调高价格再慢慢还价的做法是他们极不愿遇到的。

2. 严格区分友情与生意

人际交往中，澳大利亚商人比较随和，不受拘束，乐于接受对方的盛情款待，但是他们并不会因为款待就影响谈判。

3. 重视信誉

澳大利亚商人签约时非常谨慎，而一旦签约，就很少发生毁约现象。

（二）应对澳大利亚商人的谈判策略

针对澳大利亚商人的谈判风格，应对澳大利亚商人的策略有：

1. 保持适度的谦虚

适度谦虚的态度会有利于谈判的进行。

2. 明确自身优势

将自己的优势客观地向对方展示清楚，并利用相关资料加以说明，将有助于谈判的进行。

3. 充分授权

授予参加谈判人员充分的权力，可以使得澳大利亚商人充分相信己方人员，便于提高谈判效率。

二、北非商人的谈判风格及应对策略

北非就是非洲大陆北部，一般而言是指撒哈拉沙漠以北的非洲地区。它通常包括苏丹、南苏丹、埃及、利比亚、突尼斯、阿尔及利亚、摩洛哥七国，及大西洋中的隶属于葡萄牙的马德拉群岛、亚速尔群岛，这些国家中70%以上的人口为阿拉伯人，阿拉伯文化与伊斯兰教是其重要人文特征。北非矿藏有石油、磷酸盐、天然气等；农产品有棉花、阿拉伯树胶、栓皮、油橄榄、无花果、椰枣等，盛产骆驼。北非的自然、人文特征和西亚地区差不多。

（一）北非商人的谈判风格

1. 语言冗长，表达迂回

北非人的文化富有表现力，他们不介意在交谈中被打断。非洲人的口语和书面语通常都很冗长，用词华美，喜欢夸大其词，无论是承诺还是威胁都是如此。他们对自己的语言能力感到自豪，喜欢再三强调自己认为值得叙述的事情。北非人很少直截了当地说"不"，他们认为用含蓄的方式表达不满更有礼貌。而"是"也不一定真的表示同意，除非他们说得很坚决或者重复多次。在语言交流上，非洲人和南欧人比较相似，但在说话绕弯子上，他们更像东亚和东南亚人。北非商人喜欢在别人没说完话之前就发表自己的看法，这并没有冒犯的意思。

2. 谈话的距离相对较近

非洲人的身体语言也是十分富有表现力的，很多北非商人认为与人交谈要保持合适的距离，大约半臂的距离是最适宜的。但是非洲人只有在和朋友交谈时才会有频繁的肢体接触，面对不熟悉的人，他们的身体接触往往只有握手。这与大部分欧洲、北美和东亚人的习惯有很大差距。

3. 时间观念淡薄

北非商人的时间观念十分淡薄，去北非进行谈判的商人在时间方面会感到很大的不公平。举办会议时，来自北非伊斯兰国家的成员也往往会迟到，但是他们会要求来访者准时到达。因此与北非商人谈判时要有足够的耐心。

4. 热衷于讨价还价

北非商人喜欢讨价还价，如果对手在价格方面能作出巨大让步，这对于他们而言是一种成就。甚至很多当地商人会以能让对手让价的多少来衡量是否成功。

北非人认为谈判是一种关于利益争夺的挑战，是具有强烈竞争性的运动。

5. 重视良好的人际关系

包括埃及人在内的相当一部分北非商人相当西化，习惯和欧美人做生意。谈判重点在于良好关系的培养。进入主题之前，会花一些时间进行社交，取得对方的信赖。

另外，谈判中可能会屡屡被访客或电话打断，不要因此不悦。不要忘记拟定合同，尽管埃及比中东和其他北非国家还要重视契约，但一般而言也只是参考用的。北非人受宗教影响很深，有时会出乎意料地按照神的旨意来行事。

（二）应对北非商人的谈判策略

1. 注意禁忌

谈判者在与北非商人谈判时要注意语言忌讳，不可亵渎神灵，也不能说黄色笑话或者提及有关宗教、性和政治方面的问题。在北非与商人谈判时，谈判者也不要涉及中东时事问题。死亡、疾病、灾难都是谈话中的禁忌话题。北非人认为词语是有魔力的，如果在谈话中涉及死亡、灾病等词汇，就会招致厄运。

2. 在报价中留下充分的余地

在和北非商人谈判中，报价留足讨价还价的余地是非常有必要的。与非洲商人协商价格的过程也十分漫长，谈判者在谈判过程中不仅要做好协商价格的准备，还要表露出自己的"不满"情绪，让对方相信自己已经做出了最大的让步，同时也要在让步后提出自己的要求，获取让价的回报。

3. 保持充分的耐心

对北非商人的时间观念不强，执着地讨价还价和谈判进程屡屡被电话打断，要保持足够的耐心和宽宏大量，切不可表现出不应有的心烦意乱，而影响谈判的进行和最终目的的实现。

4. 注重建立良好的人际关系

和北非商人谈判时建立良好的人际关系很重要，谈判要通过寻找共同的话题、安排适当的活动和交换适当的礼品等方式营造良好氛围，建立良好的人际关系，为谈判和今后的生意奠定坚实基础。

三、南非商人的谈判风格及应对策略

非洲南部地区是指非洲大陆南部地区及周围岛屿。南非矿产资源丰富，金、铂、铬、锰、钒、锂、铀、石棉、铜的开采和输出居世界重要地位。

（一）南非商人的谈判风格

1. 英式的谈判作风

南非商人趋向保守，谈判风格类似英国人，因为他们和英国人有许多生意往来，交易方式力求正式，决定权掌握在组织上层。谈判时，尽可能坦率、直接地说明自己的意见，迂回、含蓄会增加误解。

2. 讲求门当户对

谈判各方的实力规模是谈判合作的基础，南非商人只愿意与和自己实力相当或高于自己实力的商业对手进行谈判。

3. 重视社交礼仪

由于南非的历史原因，南非在商务社交礼仪上既包含有英国的殖民礼仪，也有南非传统的礼仪。

（二）应对南非商人的谈判策略

1. 注意礼节

非洲国家因其历史文化特点，参加国际商务活动的人都有其复杂的家族背景，因此，在谈判前要了解清楚南非谈判人员的民族、家族、宗教背景和南非的商务礼仪。为商务谈判准备的名片最好是英文的，谈判见面握手时要用力，以表诚意。

2. 派出具有相当实力的谈判人员

和南非商人谈判在谈判人员选派上，一方面选派和对方对等的人员，另一方面要选择具有相当谈判能力和具有一定实际决策权的谈判人员进行谈判。

3. 不犯禁忌

谈判之前要认真了解南非人的种族、文化和宗教信仰方面的风俗习惯，避免触及种族、文化与信仰禁忌，避免尴尬，以免影响谈判。

第五章　国际商务谈判中的跨文化差异及对策

文化差异是指不同国家、不同地区和不同民族之间的文化差别。由于不同的自然条件、经济制度、政治体制及社会发展历程，世界各国、各地区、各民族分别形成了自己特有的文化。各个国家、各个地区、各个民族的文化有一定相似之处，但是也存在诸多的差异。这种文化差异正是不同国家、地区、民族的商人谈判风格的基础。

第一节　跨文化差异的主要表现及产生的原因

受文化的影响，每个国家的价值观、世界观和逻辑思维都各不相同。这种差异的存在也产生了不同的语言，影响了人们的信息表达和交流方式。中国文化拥有悠久的历史，文化内容包罗万象，中国特有的方块文字在表达上有很大的精准性，而西方人使用字母也能将多姿多彩的世界描绘出来。在跨文化商务谈判中，我们必须对中西文化有更深的了解，而这首先取决于我们对中西文化差异的解析深度。

一、价值观念差异及产生原因

文化的类别很多。一般情况下人们认为文化是由制度文化、精神文化和行为文化构成的。在不同类别的文化中，精神文化是指深层的文化现象，如价值观和思维方式等。

所谓价值观，就是人们评价和认知客观事物的标准。人的行为规范、道德规范、认知标准、演绎模式、评估其他事物的标准等都属于价值观的一部分。价值观的不同对人们认知和理解事物有直接影响，也会对人的情感产生巨大冲击。面对相同的事物和问题，来自不同文化的人的看法和处理方式是不同的，甚至可能是相反的。

（一）集体与个体价值观的差异与产生原因

中西文化中价值观的差异主要集中在集体价值观和个体价值观上。西方有很多强调个人主义的国家，人们追求个人利益，行动和思想都从个人利益的角度出发，因此大部分西方人都崇尚自由、权力、独立和竞争。但是中国是强调集体利益的国家，群体之间的关系相比个人利益更为重要，人们重视合作和步调的一致性，个人利益要服从集体的利益。在商务谈判中，两种不同社会间价值观的差异十分明显。个人主义国家中，人们在工作中更重视个人成绩和个人能力，这决定着人是否能够升职加薪。但是集体主义国家中，群体被看作一个整体，个人的成绩并不是最重要的，集体所取得的成绩才是最受重视的。

跨文化商务谈判中，中国商人喜欢从大局出发采取谈判方式，个人的利益要服从集体的利益，只有集体向好的方向发展，个人才能得到进步。受儒家思想的影响，中国人向来重视集体的利益和价值，强调服从集体和国家。而西方人则不同，他们崇尚个人主义，一定程度上将个人利益放在集体利益之前，重视自我价值的实现。

中国传统文化重视尊卑，而决定尊卑的因素则是人的经验阅历、文化程度、职位和社会地位。因此，中国人在交际过程中比较重视保持地位、维持上下级关系，人的言谈举止也会受尊卑的影响。这种观念对于维持人际关系十分有利。尊卑有序是一种思维定式，它能让人们在关系当中协调好自己的言谈举止，尤其能让人际关系达到并维持平衡状态。但是这种思维定式也会导致平等和民主的匮乏，不利于个性的发展。在西方社会，人际关系则是平等的，人与人之间保持横向的联系。但是这也并不表明西方社会不存在上下级关系，他们的上下级意识也很强，但是相比之下人们更强调个人价值的体现，不会因为等级关系就对上级言听计从，面对问题时他们也会直接质疑。

美国人的客观性比较强，在商务谈判中他们喜欢根据事实来决策。中国人则比较谦虚内敛，没有过强的好胜心，以集体意志为主。因此在国际商务谈判中，不同文化之间价值观的碰撞是必然的。价值观决定了人们的决策，引导着人们看法的形成，决定了人们的行为。文化价值观是限制人行为的关键因素，在某种文化中比较普遍的观念，可能在另一个文化中就是难以让人接受的。在商务谈判和交流中，文化价值观的影响也是如此。随着国际贸易的不断发展，国际商务面临着更多的挑战，其中如何处理好合作双方的关系，获得更多的利益是非常重要的，但是商务谈判的结果往往不能令人满意。

（二）空间观的差异及产生原因

西方人重视独立和自我，在空间方面有很强的独立性。在工作中他们会与其他人的工作场所分割开，如果打开门，则意味着允许其他人进入。在人际交往中，这种空间感也有所体现，人与人交谈时要保持合适的距离，这种距离感也是双方身份地位的体现。级别相近的人交谈时，双方之间的空间就会缩小。通常情况下，在社交场合，交谈双方要保持一臂的距离，这样即使轻声谈话也能保证对方听见，但又不至于能观察到对方的细微表情。

在中国，有些人可能会强调集体观念。在这样的集体中，办公场所可能是开放式的，没有隔断，员工之间可以自由交流，甚至领导也可能是这样。这种方式在某些情况下可能会让人们感到亲密无间，但也可能在某些情况下影响工作效率。随着中外商务交流的增加，很多企业也引入了西方的办公方式，职员之间办公场所用小隔断分开，这样大家既能有一定的隐私空间，又能提高办事效率。在社交场合，人们谈话时的距离也是由双方关系的远近来决定的，关系越亲密，双方的距离越小。上下级交谈时要保持合适的距离，这一点无论是中国还是西方都是相同的。

二、思维方式差异及产生原因

文化差异产生的另一影响因素就是思维方式。思维方式是人类大脑的内在活动程序。文化差异的主要表现就是不同文化的人的思维方式不同。人的思维方式多种多样，很多都是人类共有的，但是不同文化的人在思维方式的选择上偏向不同。中国人更倾向于从整体、感性的角度进行思考，思维方式是螺旋型的；西方人则更倾向于客观的分析、理性的思考，思维方式是直线型思维。中国人的思维带有极强的主观性，其思维方式具有直觉性、人文性、内向性的特点，重视伦理道德，喜欢从人性的角度出发来分析问题；西方人的思维则是客观的，强调逻辑、自然和外向，重视客观规律和技术的使用与展现，喜欢从理性的角度出发来分析问题。中国人行事趋向于稳重和和谐，西方人则喜欢变化与竞争。在商务谈判中，中国人喜欢从全局出发，逐步进入对具体问题的分析，先解决大方向的问题，再解决具体问题；西方人则更重视细节，一开始就从具体事务上进行讨论，讲究谈判的效率。

（一）整体思维与分析思维

整体思维就是将思维对象进行整合从而认识事物的思维方式，可以准确把握事物的功能和不同事物之间的关系。中国人喜欢从整体的角度来分析和认识事物，具有极强的大局观，不重视细节和局部，在认识事物时也喜欢进行归纳。归纳是对事物表象的总结，它建立在经验之上，因此归纳所形成的观点必然带有一定的主观性，这就使得中国人在认识事物方面缺乏一定的客观性，在做决定时也容易受到主观性影响。西方人则更重视事物的客观性，喜欢以理性的态度来分析和对待问题，他们通常会从局部来分析问题，这种方式会影响他们对事物整体的认知，最终导致短视。在进行商务谈判之前，西方人会准备很多资料，如精确的数据，这样他们才能在谈判中作出理性的决策。西方商人会对合同条款进行周密分析，确保每个条款都清晰明了，尤其在利益和责任方面的条款上。中国人则认为如果谈判双方已达成协议，那么大家就应当全力维持合作，求同存异，保证合作的进行。

（二）感性思维与理性思维

中国人对事物的观察和认知建立在经验基础之上，喜欢从整体和外部角度来观察事物，探寻事物的本质与规律，然后举一反三。这种认识事物的方式十分直接，但是却缺乏精度，它以一种思维模式为出发点，结合所见和直觉逐渐加深认知，接近事物的本质，这种思维的形成往往与生活有很大联系。西方人则更倾向于从客观的角度看待周围的事物，根据已知事物的规律和特质来推断未知事物的规律和特征，思维逻辑性十分严密。此外，中国人的思维是感性的，会被伦理道德甚至政治因素所影响。因此中国商人在谈判中表现出很大的主观性，容易受感情的影响，缺乏理性。中西方思维方式的不同也体现在用人模式上，中国古代有"任人唯亲"与"任人唯贤"两种思想，但西方则只遵守"任人唯贤"的规则。因此中西商务谈判中，中国人在表达上往往具有一定的主观性，而西方则更讲究公事公办，不掺杂私人感情。

（三）螺旋思维与直线思维

美国学者罗伯特·卡普兰是首先提出螺旋思维和直线思维概念的人，他以来自不同国家、使用不同语言的留学生为蓝本进行分析，发现思维方式能够影响人们的语言使用。他提出，中国人具有螺旋思维，西方人则有直线思维。中国人在表达和交流时往往含蓄迂回，不喜欢开门见山，他们喜欢先抛出问题，然后一步一步将问题引到主题上来。这种叙述方式就像螺旋上升的阶梯。西方人则不同，他们认为事物是独立存在的，他们行事风格直截了当，思维就像一条直线。因此很多时候，中国商人与西方商人洽谈了很久，但西方人却摸不透中国人的意思。

第二节　跨文化差异对国际商务谈判的影响

一、对谈判风格的影响

所谓谈判风格是指由于受文化背景和性格因素影响，谈判人员在谈判中表现出的行为举止倾向。在这方面，中西方也有很大差别。中国人倾向于传统，有着极强的集体观念，重视通过维持人际关系来推进谈判进程，因此他们在谈判之前会做很多的铺垫以增进双方的感情，从而保证谈判能顺利推进。西方人则不同，西方人有着极强的英雄主义特色，喜欢个人行动，重视时间的价值，注重效率，谈判中往往直击主题，不喜欢寒暄和铺垫。例如，德国人心思缜密、逻辑严谨、行事稳重，在商务谈判之前首先会进行充分的准备，如果在谈判中还需要双方再进行新的自我介绍，他们就会感到不被信任，从而不愿再继续商谈。价值观和思维方式对谈判风格的形成是非常重要的影响因素，如果谈判双方没有意识到这点，谈判就会变得不顺利。此外，中国人在谈判过程中往往习惯表达团体的共同观点，由代表进行发言；而西方人往往倾向于表达自己的观点，这一点也是谈判中需要注意的。

二、对谈判组织的影响

　　文化上的差异会影响最后的谈判结果，例如美国企业对谈判成员的专业水平和逻辑能力十分看重，并且在谈判中有着极强的自信心。他们的谈判团队往往只有几个人，如果谈判团队人数过多，就会给他们留下效率不高的印象。与此完全相反的是日本，日本人等级观念极强，重视谈判对手的身份地位。在日本谈判团队中，每个成员的工作都十分具体，这样也能保证工作的质量。此外，美国极其重视法治，喜欢带律师参与谈判，尤其是与他国企业合作或交易时。但是日本人则不这么认为，除非已经或即将涉及法律纠纷，否则他们不喜欢带着律师参加商务交流。因此面对美国带着律师的行为，日本通常认为这是没有诚意的表现。

　　在中国，企业进行国际商务谈判时通常遵循一个原则来选择代表，那就是层级分明、职责清晰原则。层级分明就是谈判团队内有着清楚的层级关系，第一层是首席代表，负责把握整体的谈判程序、掌握谈判进度、协调各方意见、做重要的决策；第二层是专家、技术人员和翻译人员，负责具体的谈判工作；第三层是工作人员，负责记录谈判过程和内容。在跨文化商务谈判中，谈判人员要做到知己知彼，充分了解对方谈判代表的人员构成、习惯，面对不同风格的谈判对手，谈判人员要及时调整团队构成和谈判风格，以保证谈判顺利进行。

三、对谈判进程的影响

　　影响国际商务谈判的因素有很多，如前期的准备、合同条款细节、利益和责任等。这些因素常常会阻碍谈判的顺利推进，甚至让谈判破裂。但是很多时候，面对对方突然的不满和拒绝，我方会感到毫无头绪。事实上，这很可能是由于不了解对方的文化习俗而冒犯了对方。由此可见，文化差异是影响谈判进行的重要因素。英美国家、欧洲国家和东方国家思考问题的方式是不同的，这就导致在跨文化商务谈判中，谈判人员看待合同、交流的观点也是不同的，这些差异是阻碍商务谈判进行的关键因素，对商务合作产生了非常不利的影响。

四、对谈判策略的影响

　　广义上讲，谈判策略就是谈判者通过什么样的措施和方法来达到自己的谈判目的。狭义上讲，就是谈判的战略和策略。本书在此只对国际商务谈判中所使用的战略和策略进行分析。谈判策略是谈判的总领，从始至终影响着谈判，是谈判能否成功的关键因素。谈判策略的形成又离不开谈判者的文化背景。中国传统文化讲究待人温和、处事含蓄，表达拒绝时要含蓄以示礼貌。美国人性格直爽，说话直接，是非分明，遇到不明白或不理解的问题就会直截了当地说出来，解答他人的问题时也十分明确，毫不掩饰；说话做事都遵循原则。面对这样的差异，我们要从宏观上制订谈判策略，然后在实际过程中，从微观角度调整策略，不断加深双方代表之间的理解，这样才能推进谈判顺利进行。

五、对谈判结果的影响

文化差异会导致国际商务谈判中谈判双方价值观念和利益关系的不同。这对谈判结果而言也是重要的影响因素。文化差异会导致人们思考和看待问题的方式和习惯不同。在我们看来非常普通的事情，放在其他文化背景下可能就是难以理解的。不同文化之间的融合与交流是漫长且缓慢的过程，因此在国际商务谈判中直面文化差异带来的影响是十分必要的。否则中西方对利益关系理解的差异很可能导致谈判最终失败。

第三节　国际商务谈判中应对跨文化差异的对策

在国际商务谈判中，文化差异是客观存在的，因此我们必须了解文化差异的成因和内容，掌握解决文化差异的对策，辩证地看待文化差异的存在。进行国际商务谈判工作的人员必须重视文化差异对谈判的影响，了解不同文化背景人群在谈判方式、思维方式等方面的差异，了解不同文化背景下的人们在生活习俗、语言习惯等方面的不同。否则，文化差异就会在国际商务谈判中造成理解的差异，从而阻碍谈判进行，甚至导致谈判失败。因此我们必须正视文化差异，并分析它、了解它，以期在国际商务谈判中有针对性地采取谈判措施，消除文化差异带来的阻碍，推动国际商务合作的发展。

一、正视文化差异

文化是人类物质生活和精神活动形成的结晶，是人类文明中重要的组成部分。文化习俗的差异是在漫长历史发展中不同地区的人民与自然和地理环境进行斗争所产生的。理查德·刘易斯的"文化冲击"理论将文化差异分为三种类型，分别是自己的文化、友好的文化和完全不同的文化。人们对不同文化的态度和对待方式是不同的，对待自己的文化，通常是赞同—重复表现—文化特征得以发展—不断重复的文化特征成为传统—文化协同；对待友好文化，表现为半赞同—适应—调解—移情—文化协同；对于完全不同的文化，则表现为抵抗—辩解—僵局—撤出—再次尝试。

在国际商务谈判中，文化差异是无法消除的，只能逐渐适应，以正确客观的态度对待文化差异，然后理解文化差异所带来的价值观和思维方式的不同。谈判人员必须学会以包容的心态面对文化差异，在谈判中保持开放的心态，面对不同的观念和习俗不能产生讶异、厌烦甚至蔑视的态度。谈判者面对不同的文化必须有求同存异的思想，积极接受文化的不同，要尊重不同国家、不同民族的礼仪与节日，接纳不同的思想与意识。承认并接受文化的多样性对于跨文化商务交流而言十分重要。文化的多样性是民族得以发展的基础，每一种文化都承担着传承历史和智慧的责任，文化之间的交流与和谐共处则是世界和平发展的前提。我们既要保持自己的文化传统，大力发展本民族文化，也要尊重不同的文化，遵循文化平等的交流和发展原则。在国际贸易和国际商务合作中，双方代表要重视文化的和谐共处，不能将自己的意志强加给他人，而是要入乡随俗，形成友好的合作交流氛围。

二、建立跨文化的谈判意识

文化已经深深融入人格当中，成为人的一部分，因此我们在自己身上往往看不到自己的文化，同时又经常认为别人的文化与我们应当是相似的。所以当面对有差异的异国文化时，我们常常会感到吃惊，甚至拒绝。国际商务谈判中也是如此，人们常常受到自己文化的影响进行思考和决策，又常常以自己的标准来判断和阐释别国的文化。这种"文化近视症"常常会误导谈判者的思考与举动。因此跨文化商务谈判人员必须具有跨文化交际的意识，能够敏锐地察觉不同文化背景所造成的谈判者在诉求、动机、方式和信念上的不同,并了解、接受和尊重对方,要擅长站在对方的文化环境中思考问题,了解对方的思维方式和判断方式,灵活地改变自己的谈判风格以适应与来自不同文化的企业合作。

为了防止文化差异造成严重的交流障碍,我们应树立法律观念,形成合理的法律体系,切实保护跨国商务谈判双方的利益,一方面要尊重对方的经济、社会和文化习俗;另一方面要尽量减少矛盾与纠纷。具体而言,我们要培养谈判代表的法律意识,合理使用国际惯例和法律来维护自己的利益,形成公平、互利的国际商务合作氛围,为不同国家之间的贸易和商务合作提供良好的环境,从而推动国际经济与贸易的全面发展。

三、谈判前应做好充足的准备工作

谈判前的准备工作十分复杂,尤其面对国际商务谈判,更易受到不同因素的影响。因此,谈判成员要耗费更多的时间和精力来充分为谈判中可能出现的问题做准备。很多来自国外的谈判团队都在技术和商务运作上下了很大功夫,做足了准备工作,因此他们希望自己的谈判对手也是如此,以减少不必要的时间浪费。因此,我国企业要在谈判前进行全面且周到的准备。韩国商人在这方面的特点十分明显,他们十分重视准备工作,当他们坐上谈判桌,就说明他们已经准备好了应对谈判问题。由此可见,我国在进行跨国商务谈判之前一定要做好准备工作,全面了解对方的谈判诉求、行事风格、文化习俗等,有目的、有针对性地进行谈判。

谈判前,谈判成员也要了解对方的文化,分析双方的文化差异。谈判的准备工作包括背景调查、形势预估、了解对方成员的性格与形式风格等;在谈判过程中,我们需对议事日程、实际情况、备选方案等有一定的了解,做到胸有成竹。谈判背景中也有很多具体工作,如谈判的地点、场地布置情况、谈判的单位、参与谈判的人数、听众、谈判时间和交流方式与渠道等。这些准备工作中有很多受文化差异的影响,如不同文化中对商务谈判的场地布置要求是不同的。在等级观念比较重的文化中,如果选用的房间比较随便,则会被视作轻视,容易引起对方的恼怒。

谈判的方式也会受文化的影响。美国谈判团队喜欢先将众人聚集起来,形成共同确认的协议；日本商人则喜欢逐个与代表单独商谈，如果能取得所有人的同意，再进行广泛的会谈；俄罗斯商人则喜欢先与一方商谈，达成协议之后再共同邀请第三方进行商谈。

跨国商务谈判中要控制好谈判的时限。不同文化的时间观念是不同的，例如北美人的时间观念比较强，认为时间就是金钱。而中东和拉美文化中则没有很强的时间观念，他们认为人应当利用时间好好享受生活。因此，我们要准确了解谈判对手的时间观念并做好准备。

四、尊重对方的文化习俗

习俗指的是在某一特定社会中人们普遍认同的，经历较长时间形成的生活方式；习俗具有恒定性、可变性和自发性等特征；习俗包括生产方式、生活习俗、礼仪习俗和信仰等内容。不同国家、不同地区的生活习俗都是不同的。因此跨文化商务谈判中文化习俗的影响也十分重要，我们需要尊重对手的习俗，否则就会使对方感到不适应，甚至影响谈判进程，导致谈判失败。文化禁忌是不同民族的心理特征表现之一，谈判者在谈判过程中要摸清楚对方的问候禁忌，避免触碰禁忌。

观念的不同在人与人之间十分普遍，不仅是不同国家的人，同一国家、同一地区的人之间也会有观念上的区别。因此国际商务谈判中，来自不同国家、不同文化的两个群体意见产生分歧也是十分常见的。面对分歧和争议时，我们不能想当然地要求用自己的三观去评判他人，而是要尊重他人的做法和行为。例如，伊斯兰教国家的人会在特定时间点朝向麦加进行朝拜，这种行为是我国没有的。假如在交流中我们明确表达出自己的疑惑，那么必然会引起对方的反感，认为这是不尊重他人的表现，谈判也会因此变得困难。同样的西方人对中国的国情与政治也有不同的看法，有时他们会表达出自己的独特看法，我们可以一听，但不能轻信，更不能受其影响。国家之间存在差异和分歧是一种必然现象，我们唯一能做的就是吸收对方文化与社会中的有利因素来发展自身，忽视那些我们无法接受的事物。在国际商务谈判中，面对文化等方面的差异，我们要保持中立，不能表现出不满和蔑视，更不能亵渎他人所崇拜的东西，但同时我们也要坚定自己的立场，不能受到他人的蛊惑。

五、克服沟通障碍

人与人之间的沟通交流不能像两辆相向而行的火车一样，在自己的轨道上行驶，这样虽然安全，但是却缺少了思想的交流与碰撞，无法推进事物的发展。只有产生碰撞，思想才能交流，才能明确这条路是否能行。跨文化商务谈判中常常会遇见这种情况，双方争论了很久但毫无进展，谈判陷入了僵局，但是当双方冷静下来之后，又会发现彼此间的争论完全不相关，甚至双方明明观点相同，但由于沟通的问题导致不能达成一致。一般情况下，跨文化商务谈判应当重视沟通障碍产生的三种情况。

第一种是文化背景不同造成的。沟通障碍产生的直接原因可能是语言表述不当、翻译出现差错等。对此，翻译人员要力求翻译的准确性，避免形成双方的沟通障碍。

第二种是理解偏差造成的。以防虽然收到了准确的信息，但却没能准确理解信息的内容。造成这一现象的客观原因是信息接收者的理解能力受职业习惯和教育程度等因素的影响，因此会产生一定的理解偏差。表面上看信息接收者貌似已经理解了，但是实际上这种理解带有极强的主观性，且具有一定的片面性，甚至会出现理解与真实意义南辕北辙的现象。这种沟通的障碍会导致谈判无法继续，如果不能及时破除僵局，谈判很可能失败，甚至造成更严重的后果。

第三种是主观意愿和诉求造成的。一方虽然理解了对方的意思，但是却因为种种原因不愿接受。因为谈判者能否接受事实是受到心理因素影响的，本人的谈判态度、偏见和经历都会导致其不愿接受事实。

跨文化商务谈判中，上述三种沟通障碍是非常常见又必须解决的，这些沟通障碍会极大地影响谈判的进程，因此谈判人员要熟悉沟通障碍产生的原因并掌握多样化的克服沟通障碍的方法。

人类所使用的语言在一定程度上表现出了其文化的特征。语言是文化表现的载体，文化也制约着语言的形成。在国际商务谈判中，谈判语言的使用关系着谈判的成功与否。因此，谈判者要掌握不同的商务语言，针对不同的谈判对手使用更加适合的谈判语言，使自己的语言表达方式更符合对方的习惯。将自己的意思准确传达给对方是商务语言使用的最终目的，如果语言使用不恰当，双方在谈判中就会形成理解障碍。除了语言行为之外，非语言行为，即肢体语言，也很容易造成谈判的误解。例如，包括中国在内的很多国家都用竖起大拇指表示赞赏。但是在巴西，这个动作表示的是蔑视和侮辱，是具有极强的贬义色彩的。又如，在英国，比出类似"OK"的手势是表达顺利和没问题的意思，但是在法国，这个动作则代表没有价值、零等含义，具有不好的含义。由此可见，正确理解和掌握不同国家与民族间语言和非语言动作的含义差异，对于国际商务谈判十分重要，如果我方不了解对方的语言习惯和非语言交流形式，那就很可能造成理解上的障碍。商务谈判中要避免文化上的"以己度人"，将自己的文化习惯硬套在对方身上，这样只会导致谈判无法进行。

六、在谈判中要正确处理文化差异

第一，谈判语言的选择与使用。与西方商人合作时，我们一定要采用外向型的交流方式，尽可能用简单、坦诚的方式表达自己的想法与观点，对与错要明确，不能模棱两可。例如，美国人热衷于争辩，言语上带有对抗性、语气断然。他们认为争辩不只能表达个人的意见，还有助于问题的解决。见解上的差异不影响人际关系，但在东方文化中，人情与面子十分重要，在沟通交流中，人们常常使用委婉、暧昧的语言来表达自己的见解，即便对另一方的观点不敢苟同，也极少直接拒绝和驳斥，迂回地表达自己的观点，或者干脆不明示观点。中国人认为与人相处要保持和气，谈判的氛围要和谐，在谈判中要尽量减少摩擦。

第二，重视谈判代表的行为习惯。因为文化、习俗等不同，谈判代表们的行为习惯也比较个性化。谈判之前的准备就十分重要了。谈判者要从各方面了解彼此的社会风俗与禁忌，增强跨文化谈判意识，确立预期谈判目标，以营造和谐谈判氛围。此外，谈判者还要根据文化差异来处理谈判障碍，要将沟通建立在彼此尊重的基础之上，减少文化差异造成的失误。谈判人员一定要事先了解彼此的文化习俗、清楚谈判潜规则，这样才能保证谈判有条不紊地展开。在不同的国家和文化背景下人们所形成的价值观是不一样的。在不同价值观影响下，人对问题的解决方式亦有所不同。在国际交流谈判过程中我们要尊重价值观念的分歧，使谈判各方和谐共赢。因此在谈判之前，我们必须充分认识各国在价值观方面所存在的分歧，在此基础之上采用双赢的谈判方式与策略。

七、谈判后要针对文化差异搞好后续交流

谈判结束后的管理工作不仅包括合同的管理，还有后续双方的交流。首先针对合同这部分，重视人际关系的国家，如中国，如果产生争端常常倾向于避免使用法律解决问题，而是通过人情和双方的关系来协商。这些国家的商务合同往往很短，主要内容也是关于各自责任的规定。但是西方很多国家，如美国则不同，他们认为合同签订仪式是毫无必要的，因此常常使用邮寄的方式来签订合同。在后续合同的履行中，美国人也倾向于公事和私情分开，因此也不重视后续的交流。而对于东方文化国家，如日本，则非常重视与合作方的交流。

总之，跨文化商务谈判与国内商务谈判之间有很大区别，需要国际商务谈判人员事先做好充足准备，了解合作方的文化习惯与禁忌，善于使用双方都能接受的方法进行沟通，通过各类方法克服沟通障碍，促进谈判的圆满完成。

参考文献

[1] 刘宏,白桦.国际商务谈判[M].沈阳:东北财经大学出版社,2019.

[2] 马春紫.国际商务谈判与礼仪[M].北京:北京理工大学出版社,2017.

[3] 宿荣江,龙云.国际商务谈判案例汇编[M].北京:中国商务出版社,2016.

[4] 张晓.国际商务谈判[M].北京:中央广播电视大学出版社,2014.

[5] 徐如浓,陈刚.国际商务谈判与商务礼仪[M].北京:北京邮电大学出版社,2016.

[6] 王淙,丁晶,黄春丽,等.国际商务谈判[M].北京:对外经济贸易大学出版社,2013.

[7] 王艳萍,廖亚斌.基于文化交流视角下国际商务谈判研究[M].北京:现代出版社,2018.

[8] 杨小凤.国际商务谈判的跨文化对比研究[M].长沙:湖南科学技术出版社,2018.

[9] 裴结贵.国际商务谈判语言文化初探[M].徐州:中国矿业大学出版社,2000.

[10] 左连村.国际商务谈判[M].广州:中山大学出版社,2018.

[11] 张茜,黄馨毅.跨文化视角下国际商务谈判的现实困境与纾解策略[J].广州城市职业学院学报,2023,17(02):66-70,75.

[12] 张雨晴.国际商务谈判视野下中式谈判力构建探析[J].商展经济,2023(02):123-125.

[13] 彭嘉文.国际商务谈判中的文化冲突与应对[J].中国外资,2022(22):22-24.

[14] 赵雄.论国际贸易惯例在国际商务谈判中的应用[J].中国商论,2022(13):79-81.

[15] 秦慧娟.国际商务谈判中的跨文化障碍及应对策略[J].产业与科技论坛，2022，21（03）：277-278.

[16] 周婷,张歆莹.文化差异对国际商务谈判的影响及对策研究[J].江苏商论，2022（01）：58-61.

[17] 杨新昊.如何应对国际商务谈判中的文化差异[J].中国外资，2021（22）：122-123.

[18] 袁梦苑,林梅.基于文化对接角度的国际商务谈判技巧研究[J].商场现代化，2021（20）：110-112.

[19] 武鹏翔,郭亚卿.跨文化商务谈判中风俗习惯差异影响研究[J].企业改革与管理，2021（19）：217-220.

[20] 谢绎文.国际商务谈判中的跨文化障碍及应对措施分析[J].现代商业，2021（26）：45-47.

[21] 党珊珊.基于马斯洛需要层次理论的国际商务谈判研究[D].合肥：安徽大学，2018.

[22] 牛佳静.语外知识在国际商务谈判口译中的应用[D].北京：外交学院，2016.

[23] 王丽娜.中外文化差异对国际商务谈判的影响及策略分析[D].长春：吉林大学，2014.

[24] 张莎莎.国际商务谈判中礼貌的跨文化语用研究[D].青岛：青岛大学，2013.

[25] 邱元舒.会话合作原则在国际商务谈判口译中的应用[D].福州：福建师范大学，2013.

[26] 刘海燕.国际商务谈判中的语用含糊研究[D].福州：福建师范大学，2013.

[27] 杨露雯.国际商务谈判中的无声语言[D].武汉：武汉理工大学，2012.

[28] 胡敏.文化差异对国际商务谈判的影响和对策研究[D].合肥：安徽大学，2012.

[29] 傅曦琛.国际商务谈判中非语言交际研究[D].天津：天津财经大学，2012.

[30] 许婉亭.国际商务谈判中言语交际策略的跨文化对比[D].哈尔滨：黑龙江大学，2010.